11.01.02

Kirchner · Benedikt für Manager

Baldur Kirchner

Benedikt für Manager

Die geistigen Grundlagen des Führens

GABLER

Die Deutsche Bibliothek – CIP-Einheitsaufnahme
Ein Titeldatensatz für diese Publikation ist bei
Der Deutschen Bibliothek erhältlich

1. Auflage 1994
3. Nachdruck September 2001

Lektorat: Ulrike M. Vetter

Der Gabler Verlag ist ein Unternehmen der Fachverlagsgruppe BertelsmannSpringer.

www.gabler.de

Umschlaggestaltung: Schrimpf und Partner, Wiesbaden
Satz: Publishing Service R.-E. Schulz, Dreieich
Druck und buchbinderische Verarbeitung: Wilhelm & Adam, Heusenstamm
Gedruckt auf säurefreiem und chlorfrei gebleichtem Papier
Printed in Germany

ISBN 3-409-19194-1

Für Werner Kling,
den stets hilfsbereiten und freundlichen Begleiter

Jener, der das Licht der Sterne entzündet
am Firmament,
fragt sich geduldig,
wann auch in der Welt
das Licht zu brennen beginnt.

(Rabindranath Tagore, 1861–1941)

Inhalt

Vorwort

1. Seit dem Herbst 1975 halte ich mich mehrmals jährlich mit Gruppen von Führenden der Wirtschaft und Politik im Klosterhospiz der Benediktinerabtei Neresheim (Württemberg) auf. Das Kloster Neresheim hat weithin wegen seiner Kirche, dem letzten Bauwerk Balthasar Neumanns, Berühmtheit erlangt. Im übrigen kann diese Stätte des Benediktinerordens 1995 ihr neunhundertjähriges Bestehen feiern. In den zahlreichen Begegnungen meiner Seminarteilnehmer mit den Mönchen und dem klösterlichen Leben wuchs ein tiefes Interesse am geistigen Fundament des Ordensgründers Benedikt von Nursia. Viele Führende zeigten sich fasziniert von dem geordneten Leben der Mönche. In der strengen Hierarchie der monastischen Gemeinschaft sahen sie manche Parallele zu gewissen Unternehmensstrukturen. Immer wieder tauchte die Frage auf, welches Geheimnis das benediktinische Leben wohl trage, so daß diese Gemeinschaft der Mönche schließlich schon 1500 Jahre bestehe. Angeregt von diesem Wunsch meiner Seminarteilnehmer, entschloß ich mich, die Regel Benedikts in ihren wichtigen allgemeingültigen Aussagen für Führende zu betrachten. Eine Grunderfahrung sei schon jetzt formuliert:

- Im benediktinischen Leben verbinden sich Hierarchie, Persönlichkeit und Würde zu einer zeitlosen Synthese.

2. Die Regel Benedikts ist eine Erziehung zu personaler Kultur. Die „Personale Kultur“ bildet das Herzstück jeglicher Führungskultur. Will das Führen nicht in einer blutleeren Technik verenden, so wird sich das Persönlichkeitsprofil des Führenden immer neu beleben müssen. Zu diesem Neubeleben gehören aber die Reflexionen über die eigene Wesenstiefe, über die Haltung dem Leben gegenüber, über den persönlichen Lebensstil und das Sympathiefeld des Managers. Auch auf diese Aspekte menschlicher Ausstrahlung wird das Buch eingehen.

Dagegen beabsichtige ich nicht, eine religiöse Unterweisung zu publizieren. Vielmehr kommt es mir darauf an, das weltlich Verwertbare der Ordensregel zu erschließen. Benedikt gibt das Zeitliche überdauernde Impulse, die das Menschsein schlechthin berühren. Sie zu einer außerklösterlichen Gemeinsamkeit für den Führenden der Gegenwart zu erheben liegt mir am Herzen. Das geistige Fundament der Benediktregel soll so zu einer noch heute gültigen Relevanz geführt werden, die sich ihre Chance auf vielseitige Akzeptanz bewahren kann. Für viele Menschen ist sie zu einer individuellen Lebensnorm geworden.

3. Mit der Betrachtung der Regel Benedikts wende ich mich an die sittliche Persönlichkeit des Führenden, ohne gleich in den Verdacht zu geraten, eine neue Sittenlehre verfassen zu wollen. Eher ordne ich das Gedankengut dieses Buches der Kategorie „angewandte Ethik" zu. Denn die Botschaft Benedikts für das Heute ist es auch, eine sittliche Ordnung im inneren und äußeren Dasein zu beobachten. Das erscheint mir als gelebte Religiosität und deshalb glaubwürdiges Christsein unverändert gültig zu sein.

Ich schließe auch nicht aus, daß diese Publikation als ein „Tugendbuch für Manager" verstanden wird. Das ist durchaus beabsichtigt. Manchmal habe ich deshalb bewußt in moralisierenden Bemerkungen formuliert. Möge sie der Leser als ein Postulat verstehen, sich der Konfrontation mit dem sittlich Möglichen in seinem Leben nicht zu entziehen.

Dennoch hieße es, die Regel Benedikts fehlzuinterpretieren, ginge dieses Buch nicht auch auf ihre elementare christliche Intention ein. Wie der Bediktinerorden zeigt, können christlicher Lebensstil und Führungskultur zu einem dauerhaft tragfähigen Ganzen verschmelzen.

4. Der Wert des Benediktinischen begründet sich auch in seiner Historizität. Papst Paul VI. bezeichnete Benedikt einmal als den „Vater des Abendlandes". Der Mensch der Gegenwart scheint vergessen zu haben, daß es die Mönche waren, die erheblich zur Kultivierung Europas beigetragen haben. Das Benediktinische bedeutet noch immer lebendige Geschichtlichkeit, weil dieses Geistesgut für

das abendländische Kulturleben prägend geworden ist. Viele später gegründete Ordensgemeinschaften haben sich an der Regel Benedikts ausgerichtet (zum Beispiel Kartäuser, Trappisten, Zisterzienser). Bis in unsere Tage finden suchende Menschen eine Antwort auf das in ihrem Inneren Ungelöste. Vielleicht kann auch dieses Buch manche Antwort auf die Fragen geistig Suchender geben.

Während seiner Führungen durch die Klosterkirche von Neresheim preist Pater Rabanus die benediktinische Tradition, indem er sagt: „Wir Mönche rechnen nur in Jahrhunderten!“ In der Tat, vieles Geschaffene ist im Vorhof der Geschichte liegengeblieben und niemals in den Altarraum allgemeiner Akzeptanz getreten. Sollte die Regel Benedikts ein Hinweis darauf sein, wie es gelingt, Geschichtliches zu Gegenwärtigem in steter Gültigkeit zu transformieren?

Um so eigenartiger mutet es daher an, daß über das Leben Benedikts nicht so viel überliefert ist.[1]

5. Mit diesem Buch vollende ich die im Jahre 1991 begonnene Trilogie, die sich mit der Persönlichkeit des Führenden in einem weiter gesteckten Rahmen beschäftigt. Nach „Dialektik und Ethik“ und „Rhetorik für Führende“ soll hier das Innenleben des Führenden in einer Weise angesprochen werden, wie sie glaubwürdige Führungsethik erwarten läßt.

6. Die Anregungen für dieses Buch gingen von Ulrike M. Vetter und Klaus Papenfuß aus. Beiden sei an dieser Stelle für die kreativen Impulse herzlich gedankt.

7. Als gedankliche Grundlage diente mir: „Die Benediktus-Regel“, lateinisch-deutsch, herausgegeben von P. Basilius Steidle OSB, 2. überarbeitete Auflage, Beuroner Kunstverlag, Beuron 1975.

Ettenbeuren, im August 1993 *Baldur Kirchner*

Einleitung

1. Zur metaphysischen Dimension des Menschseins

Dieses Buch beginnt mit einer Unterstellung: mit der Annahme nämlich, daß es eine metaphysische Dimension des Menschseins gibt. Für viele Menschen – namentlich Führende – ist dies keinesfalls selbstverständlich. Wer in seiner Lebensauffassung einem rational-materialistischen Welt- und Menschenbild folgt, könnte durchaus Schwierigkeiten haben, das nachfolgend Gesagte zu akzeptieren. An solche Personen wende ich mich nicht. Sie werden wohl kaum die Benediktregel zur Hand nehmen, um darin zu lesen. Die ewigen Skeptiker und analytischen Zweifler haben ohnehin genug mit ihrem Selbstverständnis zu tun. Als Führende vermögen sie kaum eine harmonische und gelassene Atmosphäre zu vermitteln.

Für mich aber gibt es eine metaphysische Dimension unseres Menschseins. Seit die aristotelische Metaphysik (Aristoteles lebte 384–322 v. Chr.) als Wissenschaft vom Übersinnlichen für die Reflexionen des abendländischen Denkens prägend geworden ist, schwindet die Zahl der Menschen, die nur das sinnlich Wahrnehmbare als das einzige Erscheinungsbild der Welt interpretieren. Diese Weltbetrachtung bedeutete, die Sinneswahrnehmung zum einzigen Kriterium des Zugangs zur Welt zu erheben. Eine solche Betrachtung wird dem Wert und der Würde des Geschaffenen, besonders der menschlichen Persönlichkeit, nicht gerecht. Unser Sein ist ganzheitlich gestaltet. Es wird von der Körper- und Geisteswelt gebildet. Einer Geisteswelt vor allem, die den Rand rationaler Begrenzung überschreitet und sich den Gesetzen des Verstandes entzieht. Wie wir aus der eineinhalbtausendjährigen Geschichte der Benediktregel sehen können, scheint der von Benedikt gewiesene Weg durchaus ein dieses ganzheitliche Sein spiegelnder Weg zu sein. Doch nun noch zu einigen allgemeinen Überlegungen und Definitionen des Metaphysischen in unserem Menschsein.

Wenn wir in der Geisteswissenschaft von einer Grundbestimmung der menschlichen Individualität sprechen, so meinen wir damit vor allem ihr Ausgerichtetsein auf geistig-seelische Inhalte. Diese Inhalte präsentieren sich oft in Fragen nach dem Sinn der menschlichen Existenz, nach dem Nichts, nach der Unsterblichkeit, nach der Seele, nach Gott oder nach der Relativität des menschlichen Seins. Diese „metaphysische Bestimmung“ ist wie ein existentieller Auftrag des Menschen an sein Dasein, sich stets um die Beantwortung dieser oder ähnlicher Grundfragen zu bemühen. In Sagen und Mythen, aber auch in wissenschaftlichem, forschendem Drängen hat der Mensch zu beschreiben und zu ergründen versucht, wie sein Weg in die Welt hinein und aus der Welt heraus gestaltet sein mag. Aber es blieb ihm wohl nur die eine wichtige Erkenntnis: auf ewig ein Suchender zu sein, der seine irdische Verwiesenheit aus eigener Kraft nicht ablösen kann.

Es scheint so, als sei im Menschen wesensimmanent die Verpflichtung angelegt, das hinter der sinnlich erfahrbaren Welt Befindliche in immer neuen Erkundungen zu fassen. Ich vermute, daß diese Verpflichtung dem Menschsein schlechthin als Ausdruck seiner Unvollendung zugewiesen wurde. Dies nehme ich deshalb an, weil alles Unvollendete in dem *genuinen* Drang existiert, seiner Vollendung zuzustreben.

- Das menschliche Individuum kann sich letztlich seinem metaphysischen Auftrag nicht entziehen.

Da ich an einen göttlichen Urgrund als Quelle allen Seins glaube, spreche ich dieser waltenden Geisteskraft die Absicht zu, das menschliche Dasein zum Begreifen seiner Identität mit sich selbst anleiten zu wollen. Mit „metaphysischer Dimension“ des Menschseins meine ich daher sein Eingebettetsein in den Prozeß des Werdens und Vergehens, sein Wollen, im Vordergründigen des Lebens das Hintergründige zu entdecken. Gewiß, der „Zwang zum Metaphysischen“ erzeugt im Menschen auch einen Dualismus, der ihn sein Dasein als Dazwischen erleben läßt. So verläuft unser Leben oftmals zwischen Glaube und Zweifel, zwischen Hoffnung und Enttäuschung, zwischen Frieden und Haß. Die – meist unbewußte – Nicht-Identität des Menschen mit sich selbst bringt jene Fragen hervor, deren antwortloses Staunen zu immer neuem Fragen führt. Der Mensch auf der Suche nach seiner Identität verspürt die Unruhe, über die der Kirchenlehrer Augustinus (354–430) sein sehnsuchtsvolles Selbstbekenntnis ablegt:

> „Während ich meinen Gott in den sichtbaren Geschöpfen suche und nicht finden kann, während ich sein Wesen in mir selbst suche, als wäre es etwas von meiner Art, und es auch hier nicht finde, merke ich, daß Gott etwas ist, was auch die Seele übersteigt."[2]

Die Lehre von der Unsterblichkeit der Seele, die den Kern der abendländischen Religionen beschreibt, hat der metaphysischen Dimension des Menschseins ein hoffnungsvolles Fundament gestiftet. Damit war für das abendländische Denken durch die Beziehung zwischen „Diesseits" und „Jenseits" ein Teil der unergründlichen Tiefe genommen, in die der suchende Mensch zu stürzen drohte. Die Tiefenpsychologie C.G.Jungs berücksichtigt diese religiöse Erfahrung, indem sie der Psyche des Menschen die Idee eines göttlichen Wesens zuschreibt, das in der Seele im Sinne eines Archetypus wohnt. Dazu schreibt Josef Rudin in seinem Aufsatz „C.G. Jung und die Religion":

> „Religion ist für Jung ein universelles menschliches Phänomen. Jung spricht davon, daß etwas in der Seele von superiorer Gewalt sei … Er halte es darum für weiser, die Idee Gottes bewußt anzuerkennen: ‚Die Idee eines übermächtigen göttlichen Wesens ist überall vorhanden, wenn nicht bewußt, so doch unbewußt, denn sie ist ein Archetypus.'"[3]

Für Jung ist das religiöse Bedürfnis des Menschen, sein Bezogensein auf ein ewig Gültiges, ein elementares Charakteristikum der Natur der menschlichen Seele. Er selbst sagt dazu:

„Es gibt überhaupt keine andere Möglichkeit, als daß man das Irrationale als eine notwendige, weil immer vorhandene psychische Funktion anerkennt und ihre Inhalte nicht als konkrete (das wäre ein Rückschritt!), sondern als psychische Realitäten nimmt – Realitäten, weil es wirksame Dinge, d.h. Wirklichkeiten sind. Das kollektive Unbewußte ist als ein Niederschlag der Erfahrung und zugleich als ein Apriori derselben ein Bild der Welt, das seit Aeonen sich gebildet hat. In diesem Bilde haben sich gewisse Züge, sogenannte Archetypen oder Dominanten, im Laufe der Zeit herausgearbeitet. Sie sind die Herrschenden, die Götter, d.h. Bilder dominierender Gesetze und Prinzipien durchschnittlicher Regelmäßigkeiten im Ablauf der Bilder, welche die Seele immer wieder aufs neue erlebt.“[4]

Noch intensiver als C. G. Jung greift Balthasar Staehelin das Metaphysische des menschlichen Daseins auf. Staehelin hat dem Menschenbild der Neuzeit durch seine tiefenpsychologisch-religiösen Diskurse glanzvolle Würde verliehen. In zahlreichen Publikationen stellt er die Beziehung zwischen „erster und zweiter Wirklichkeit“ als eine Widerspiegelung von Materie und Geist dar.[5] Mit „erster Wirklichkeit“ meint er die Bedingtheit des menschlichen Ichs, das sich innerhalb seiner drei Abhängigkeiten von Zeit, Raum und individueller Biographie befindet. Das Neue Testament nennt diese Form des menschlichen Erscheinens die „Welt des Fleisches“. Staehelin sagt: „Psyche, Soma und Geist des Menschen sind in dieser ersten Wirklichkeit abhängig von den Prinzipien Kausalität, Endlichkeit.“[6] Nach Staehelins weitgehend medizinpsychologisch geprägtem Menschenverständnis ist das somatische, psychische und spirituelle Unbewußte nicht nur individuell bedingt und daher endlich. Darüber hinaus spricht er von einem „zweiten Unbewußten“, das unendlich ist und eine Einheit mit allem bildet. „Des Menschen zweites Unbewußtes als diese zweite Wirklichkeit ist also zugehörig zum und gerichtet auf das Trinitarische und seine Eigenschaften – ja es ist recht eigentlich von der Substanz dieses trinitarischen Unbedingten; es ist mystische Christusnatur."[7] Das Neue Testament nennt die zweite Wirklichkeit die „Welt des Geistes".

Die von Staehelin entworfene, hier vereinfacht dargestellte Beziehung zwischen erster und zweiter Wirklichkeit des Menschseins soll veranschaulichen, wie eng Realität und Irrealität im persönlichen Leben des einzelnen verwoben sind.

- Persönlichkeitsentwicklung bedeutet auch, diese Verflochtenheit im jeweils eigenen Biographischen zu erspüren.

Ein Mensch ist spirituell gereift, wenn sich der Innenraum seiner Persönlichkeit zugunsten des Metaphysischen erweitert hat. Dann ist sich ein Suchender seiner Wesentlichkeit bewußter geworden. Der Wunsch, tiefere Einsicht in geistige Dimensionen zu gewinnen, begleitet ihn nahezu täglich.

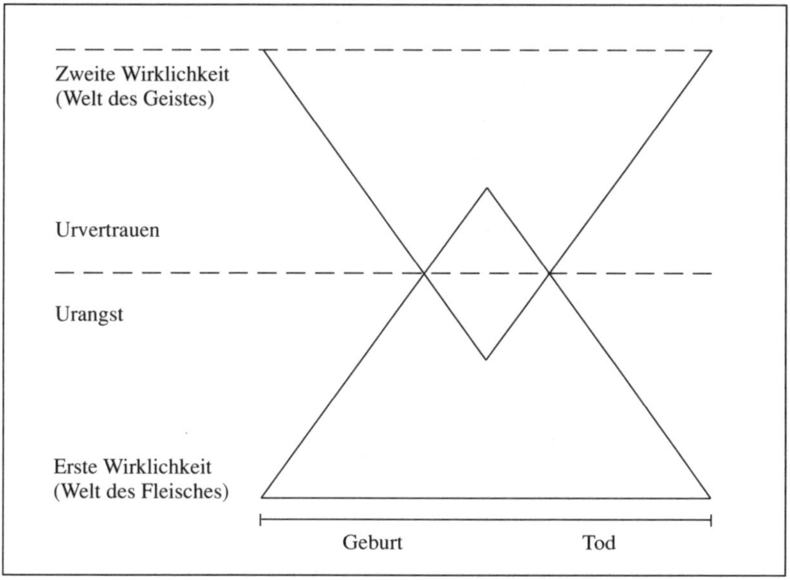

Die dualistische Grundbeziehung in der Innenwelt eines Menschen

Diese nach Staehelin von mir vereinfachte Zeichnung beschreibt die dualistische Grundbeziehung in der Innenwelt eines Menschen:

Die erste Wirklichkeit, das biographische Sein des Menschen, strebt dem Metaphysischen entgegen. Das Dreieck, das auf der Zeitspanne zwischen Geburt und Tod ruht, ragt mit seiner Spitze in die zweite Wirklichkeit, die Welt des Geistes, hinein. Damit erfüllt das menschliche Individuum seinen wesensimmanenten Auftrag, in den „Raum des Höheren“ vorzudringen. Wir nennen diesen Weg auch den „Weg der Transzendenz“. Im religiösen Sinne ist mit „Transzendenz“ das jenseits der menschlichen Erfahrung, jenseits der gegenständlichen Welt Liegende gemeint. Auf seinem Weg zur Transzendenz überschreitet der suchende Mensch die Grenzen des bewußt Wahrnehmbaren und tritt ein in ein neues Seinsgefühl. Daraus erwächst ihm ein neues Selbstverständnis, das sich gegenüber aufkeimenden Ängsten durchsetzen wird.

Auch aus der zweiten Wirklichkeit beugt sich ein Dreieck herab – hinein in die Welt der Materie. Die Grenze, über die es in die erste Wirklichkeit eindringt, ist durchlässig. Der spirituell geöffnete Mensch lebt in einer für das Transzendente aufbereiteten Haltung. Es leitet ihn der Wunsch, dem Irrationalen, dem nicht Erklärbaren zu begegnen. An der Grenze zwischen Urangst und Urvertrauen schaffen erste und zweite Wirklichkeit einen geistigen Innenraum, der dem metaphysisch Verborgenen Einlaß gewährt.

Gewiß gibt es für alle diese inneren Erfahrungen zunächst noch keine handfesten Zeichen. Wir bewegen uns hier auf der Ebene der emotionalen Erlebniswelt. Sie ist zwar ganz in das Menschsein inkorporiert, aber für den Menschen selbst nur erfahrbar über sein emotionales Befinden. Sein Eingebundensein in metaphysische Dimensionen tritt daher als Grundstimmung, als emotionale Grundqualität seines Daseins auf. Denn auch Spiritualität, geistlich orientierte Lebensgestaltung, wird emotional erlebt.

- Wo sich Spiritualität allein mit Intellektualität verbindet, gebiert sie dogmatische Strenge und Hartherzigkeit.

In der Regel Benedikts finden wir für die Pflege des Spirituellen auffallend oft Hinweise auf den Gesang der Mönche. Das Singen als geistliches Geschehen „erhebt das Herz“, indem es körperliche und seelische Schwingungen vereinigt. So weist Benedikt die Mönche an, ihr Gebetsleben auch singend zu gestalten.Vor allem dem Psalmensingen widmet sich die benediktinische Spiritualität. Sogar die Körperhaltung des singenden Mönchs ist vorgeschrieben. Im Kapitel 19 der Regel lesen wir:

> „Immer sollen wir daher an das Wort des Propheten denken: Dient dem Herrn in Furcht! Und: Singt eure Psalmen mit Verstand! Und: In Gegenwart der Engel singe ich dir Psalmen. Wir wollen also bedenken, wie wir vor dem Angesicht der Gottheit und ihrer Engel sein müssen, und so beim Psalmensingen stehen, daß unser Herz im Einklang ist mit unserem Wort.“[8]

Kehren wir zu den emotionalen Grunderlebnissen zurück, die den Menschen mit dem Metaphysischen verbinden. Balthasar Staehelin nennt die „Urangst“ und das „Urvertrauen“ als jene Elemente, die das noch weltbesetzte Dasein des Menschen kennzeichnen und ihn auf die Materialität oder Spiritualität fixiert erscheinen lassen. Urangst und Urvertrauen stehen in einer Korrelation zueinander. Dominiert die Urangst, so wird das Urvertrauen im Schattenhaften der Persönlichkeit bleiben. Trägt das Urvertrauen dagegen das menschliche Lebensgefühl, so überstrahlt es den wohl niemals ganz eliminierbaren Rest der Urangst. Da auch die Angst Antriebe initiiert, erfüllt sie in der Lebensbewältigung für den einzelnen eine therapeutische Funktion. Beide Phänomene unserer psychischen Erlebniswelt sollen etwas genauer betrachtet sein.

Ur-Angst

Mit „Angst“ bezeichne ich das elementare negative Gefühl der Sorge, des Besorgtseins um den Verlust oder die Beeinträchtigung der persönlichen Existenz eines Menschen. „Angst“ und „Enge“ (lat. „angustus“ – „eng“, „schmal“) sind wohl wortgeschichtlich miteinander verwandt. Im übrigen gehen starke Angstgefühle stets auch mit einer Bewußtseinsverengung einher. (Ängstliche Menschen handeln oft „kopflos“, womit gesagt werden soll, daß sie die rationale Kontrolle über sich oder ihr Tun verloren haben.) Die Urangst im religiösen Sinne meint das Gefühl der Trennung, des Geborgenheitsverlustes im Wesensinneren.

- Urangst heißt: zurückgeworfen sein auf das Ich und in der Grundstimmung der Ungeborgenheit leben zu müssen.

Das Gefühl einer tiefen seelischen Verunsicherung wird als die weitaus häufigste Ursache verschiedener Krankheiten und Störungen im Persönlichkeitsbild vieler Menschen gesehen. Staehelin hat als Oberbegriff für diese psychische Grundverstimmung den Ausdruck „vegetatives Psychosyndrom“ geprägt. Dieses psychopathologische Syndrom ist im allgemeinen durch eine bewußte oder unbewußte Angst bestimmt, den vergänglichen Strukturen des Diesseits unentrinnbar ausgeliefert zu sein. Das Getrenntsein des menschlichen Ichs von seinem göttlichen Urgrund führt zu einem elementaren Gefühl der Disharmonie, Entheilung, Haltlosigkeit und Sinnlosigkeit. Es ist auch die prinzipielle Angst vor Krieg, Krankheit und Untergang, vor einer anonymen Vernichtung und dem Einstürzen jeglicher Ordnung.

Nach Staehelins medizinpsychologischer und psychiatrischer Erfahrung zeigt sich der Verlust des Spirituellen als psychosomatisches Allgemeinsyndrom in sieben Gruppen. Er unterteilt:

1. Beschwerden im Kopf (zum Beispiel Kopfweh, Schwindel, Kollapsneigung, Ohrensausen, Sehschwäche, Angst vor dem Erröten)

2. Herz- und Kreislaufbeschwerden mit den vielen Varianten von funktionellen Herz- und Blutdruckstörungen

3. Beschwerden bei der Atmung (zum Beispiel Atemenge, Asthma nervosum, Reizhusten, Seufzeratmung, Hyperventilation)
4. Beschwerden im Magen-Darm-Trakt (zum Beispiel Nausea, psychogenes Erbrechen, Reizmagen, Obstipation, Diarrhoe)
5. Vegetative somatische Allgemeinsyndrome (zum Beispiel Schwitzen, Appetitstörungen, Tremor, Dermographismus)
6. Vegetative somatische Beschwerden, die in die verschiedenen Bereiche der praktischen Medizin gehören; wie zum Beispiel der Gynäkologie, Rheumatologie oder Urologie
7. Psychische Grundverstimmungen und psychopathologische Begleiterscheinungen (zum Beispiel Minderwertigkeitsgefühle, Gefühle der Vereinsamung, Resignation und Erschöpfung, Schlafstörungen, übergroße Sorgenanfälligkeit, Gefühle des Bedrohtseins, Panikzustände, Neigung zu Suchtmitteln, Neigung zu Statussymbolen)[9]

Das Gefühl der Urangst nun produziert Mechanismen der Angstabwehr, von denen sich der betroffene Mensch unbewußt eine Linderung seines belasteten Lebensgefühles erhofft. Diese Versuche, die Angst zu bändigen, sind vielgestaltig und dem einzelnen wiederum kaum bewußt. Ich schließe mich den Beobachtungen Staehelins an, die auch weitgehend meine Erkenntnisse von Angstabwehr des Menschen der Gegenwart bestätigen. Im charakterlichen Habitus finden wir Merkmale, die auch auf zahlreiche Führende in der Wirtschaft, Politik und Kirche zutreffen. Diese Merkmale bestimmen zumeist den Interaktionsstil vieler Führender. Die wichtigsten Erscheinungsformen im privaten und beruflichen Leben seien hier skizziert:

- Abwehr von Konfliktbeziehungen durch eine überaus höfliche, gekünstelt freundliche und pseudoharmonische Gesprächshaltung
- überaus harte, kantig-abweisende Kommunikationsweise, die eine innere Verhärtung und Unzufriedenheit erkennen läßt
- egoistische Grundhaltung im gesamten Kommunikationsstil – diese Haltung zeigt sich etwa in der Unfähigkeit, zuhören oder Bedürfnisse anderer Menschen wahrnehmen zu können

- zwanghafte und narzißtische Tendenz zur Selbstverwirklichung – besonders als Kompensationsstreben bei Frauen zu beobachten, die durch eine starre Identifikation mit ideologischen Mustern besetzt sind
- unreflektierte und unselbständige Beziehung zu ideologischen Inhalten, so daß die Extreme Fanatismus und Mitläufertum hervortreten können
- frömmelnde Selbstgerechtigkeit, die das eigene Tun zur Norm für andere erhebt (religiöser Narzißmus)
- Pharisäertum, das die Einhaltung einer Norm über das Liebeshandeln stellt
- elementare Resignationsstimmung als Zeichen von Hilflosigkeit und Selbstzweifeln
- Sinnleere über den eigenen Lebensentwurf und die damit verbundene Suche nach Freizeitaktivitäten
- das Abgleiten in obskure und exzessive okkulte Praktiken
- Mitgliedschaft in Sekten in Verbindung mit Machtgebaren
- Besitzdenken, das zu übersteigerter materieller Absicherung führt und damit Neid- und Geizgefühle produziert
- generelles Machtstreben, um über andere Menschen Herrschaft auszuüben
- Überbewertung von Sexualität und körperlichem Wohlbefinden
- ganz allgemein hedonistische Tendenzen, die zu Abhängigkeiten von Lüsten und Genüssen führen
- Suchtverhalten, suchtgebundenes Empfinden durch Alkohol oder bewußtseinsverändernde Medikamente
- Definition des eigenen Selbstwertes ausschließlich durch Leistung, so daß Versagensangst und Perfektionsstreben das Lebensgefühl eines solchen Menschen bestimmen (Profilneurose)
- rationale Kritikabwehr, so daß eine kritische Selbstreflexion unterbunden wird
- die Unfähigkeit, persönliche emotionale Erlebnisinhalte zu verbalisieren

Ist also die metaphysische Dimension beim einzelnen von der Urangst besonders spürbar überschattet, so hinterläßt sie diese oder noch andere vorübergehend kaum auslöschbaren Spuren im Persönlichkeitsbild. Damit aber erscheint auch die wahre Führungsqualität fraglich.

Ur-Vertrauen

Ich kann mich nur schwer mit dem psychoanalytischen Begriffsverständnis von „Urvertrauen“ anfreunden, wonach diese psychische Grundqualität vor allem auf eine stabile Mutter-Kind-Beziehung zurückreicht. Zwar ist das Erwecken eines gefestigten Urvertrauens das Ziel jeder liebevollen erzieherischen Begleitung; doch scheint mir das Kultivieren einer Urgeborgenheit lediglich die Fortsetzung des schon immer metaphysisch im Menschen angelegten Vertrauensverhältnisses zu sich und seiner Welt zu sein. Nach Meinung der Psychoanalyse ist „Urvertrauen“ jene festgefügte Vertrauensstimmung eines Menschen zu sich selbst und seiner Welt, die ihm in den frühen Lebensjahren vermittelt wird. Gewiß ist dies ein wichtiger Bestandteil der kindlichen Erfahrungswelt. Doch mein Menschenbild legt mir eine erweiterte Vorstellung von Urvertrauen nahe. Gerne folge ich hier Balthasar Staehelin, der Urvertrauen so darstellt:

> „Uns erscheint in unseren Behandlungen an den Patienten das Urvertrauen in einem ausgeweiteteren Sinn: Urvertrauen ist die Stimmung, in der sich unsere Teilhaftigkeit am Unbedingten austrägt, das heißt jene Stimmung, in der sich dieses Unbedingte unverstellt, gewußt oder auch nicht gewußt, im Alltag des einzelnen leben kann. Wir erfahren also unseren gleichsam sakralen Anteil, auch wenn er nicht immer Sprache wird, stimmungsmäßig als Urvertrauen. Der Mensch ist primär Urvertrauen. Er hat es nicht oder erwirbt es nicht erst sekundär ... Nicht also die gute Mutter-Kind-Beziehung produziert das Urvertrauen, wie sich das die Psychoanalyse und die Daseinsanalyse vorstellen,

sondern sie schützt nur das schon immer Vorhandene solange, bis dieses selbst fähig ist, trotz bedrohlicher Geschehnisse im Alltag unerschütterlich zu sein."[10]

Das Wesen der zweiten Wirklichkeit ist identisch mit dem Wesen des Urvertrauens. Ja, die emotional empfundene Ausstrahlung der zweiten Wirklichkeit hat im Elementargefühl des Urvertrauens ihre adäquate Erlebensform gefunden.

- Die zweite Wirklichkeit teilt sich durch das Urvertrauen mit.

Nun läßt sich das Urvertrauen über die Tatsache hinaus, ein Gefühl positiver Grundstimmung zu sein, noch deutlicher beschreiben. Wodurch also teilt sich die metaphysische Dimension unseres Menschseins im Lichte des Urvertrauens mit? Einige Merkmale seien aufgeführt:

- Glaubensfähigkeit, von einem göttlichen Geist geführt zu werden
- Hoffnungsfähigkeit, die Verstrickungen in die physische Welt zu lösen und sich hingebend für die Angebote des Göttlichen zu öffnen
- die innere Gewißheit, vom Göttlichen geliebt zu werden
- das Verstehen des Alltagslebens aus der Sicht metaphysischer Impulse, weil die Gewißheit einer metaphysischen Zugehörigkeit besteht
- konstruktive Kommunikationskultur, durch die der Mitmensch Zuwendung empfängt
- Gelassenheit im Umgang mit negativen Gefühlen anderer
- innere Unabhängigkeit von materiellen Werten
- weitgehend souveräner Umgang mit Sterben und Tod
- positive Interpretation schicksalhafter Erfahrungen
- Liebesfähigkeit im Sinne der Akzeptanz fremder Bedürfnisse
- Konzentrationsfähigkeit im Gespräch
- verantworteter Umgang mit Freiheit
- Ja-Sagen-Können zur eigenen Existenz und damit auch zur Fremdakzeptanz gegenüber dem Mitmenschen

Führende, die in ihrer Lebensgestaltung von Urvertrauen getragen sind, strahlen Zuversicht aus. Sie sind fähig, Geführten Mut zuzusprechen und sie seelisch aufzurichten.

2. Der Wert des Normativen – das Normative als Lebenshilfe

Von der metaphysischen Dimension unseres Menschseins ist die Brücke zum Normativen rasch geschlagen. Was ist mit dem „Normativen" gemeint? Wo sich Menschen einfinden, um ein gemeinsames Leben zu führen, geben sie sich Richtlinien, nach denen sie das Zusammenleben gestalten wollen. Ich nenne das Handeln, bei dem diese Maßstäbe als allgemein anerkannt und verbindlich festgelegt werden, normatives Handeln. Das Einzelelement des Normativen ist die Norm. Mithin bezeichne ich die Summe der Normen, die ein Handeln leiten, als das Normative.

Das für alle gemeinsam Gültige – das Normative – findet die Zustimmung dieser Gemeinschaft. In Unternehmensphilosophien, Mitarbeiterleitlinien oder Führungskonzepten wird dargelegt, wie das Handeln und Verhalten innerhalb dieses sozialen Systems ablaufen soll. In der praktischen Anwendung des normativ Geltenden verwirklichen die Mitglieder eines Sozialverbandes die ethische Absicht dieser Regeln.

„Die Regel Benedikts wurde das unübertroffene fortschrittliche monastische Gesetzbuch des abendländischen Mönchtums."[11] Ich nehme diese wohl um das Jahr 530 geschriebene Regel zum Anlaß, um über den Wert des Normativen nicht nur im Klösterlichen zu reflektieren. Dazu seien folgende gedanklichen Schwerpunkte angeboten:

- Normatives und Ordnung
- Normatives und eigene Normen
- Normatives und Glaubwürdigkeit
- Normatives und Sicherheit
- Normatives und persönliche Disziplinierung

Normatives und Ordnung

Benedikt ging es um die Gestaltung des Gemeinsamen einer religiös verbundenen Gruppe von Menschen. Doch das Miteinander wird erst dann zu einem harmonischen – und das heißt hier weitgehend konfliktfreien – Verbundensein, wenn sich die Mitglieder unter der Obhut des Ordnenden begegnen. Das Wort „Regel" ist nämlich etymologisch zuerst als „Ordensregel" in unserem Sprachgebrauch aufgetaucht. Das lateinische Substantiv „regula" liegt dem Wort „Regel" zugrunde und bedeutet „Richtholz, Richtschnur, Maßstab". Die Ordensregel enthält in ihren einzelnen Kapiteln jene Verhaltenshinweise und Handlungsaufforderungen, die für „Ordnung" im mönchischen Leben sorgen. Da sich die Mönche dem Normativen der Ordensregel freiwillig unterwerfen, liegt die Annahme nahe, daß es auch in der menschlichen Persönlichkeit ein Bedürfnis nach Ordnung gibt. Wo das Zusammensein geregelt ist, erlebt der einzelne Ordnung als Orientierungshilfe. Nicht die zwangsneurotische Ordnung ist gemeint, die jede Spontaneität erstickt; sondern das Ordnende, das die sinnbildende Rahmenbedingung für konstruktives Miteinander schafft. Die Ordnung wird als konstruktives Strukturelement des Normativen erlebt.

Der indische Philosoph Jiddu Krishnamurti hebt die metaphysische Bedeutung der Ordnung und ihre Beziehung zum Menschsein hervor, indem er unter anderem sagt:

> „Was meinen wir mit Ordnung? Das Universum hat im höchsten Sinne niemals Unordnung gekannt. Die Natur, wie sehr sie den Menschen auch schrecken mag, befindet sich stets in Ordnung. Sie gerät nur dann in Unordnung, wenn der Mensch in sie eingreift, und es ist allein der Mensch, der seit Anbeginn der Zeiten in ständigem Kampf und Konflikt lebt. Das Universum hat seine eigene Bewegung der Zeit. Erst wenn der Mensch sein Leben geordnet hat, wird er die ewige Ordnung erkennen können."[12]

Die Benediktregel ist gewiß zuerst für die Mönche, die nach ihr leben, als Hilfe zur Lebensgestaltung gedacht. Doch auch für den Weltmenschen bietet sie das von Krishnamurti angesprochene Ordnungspostulat. Dabei bedenkt Benedikt, daß der Weg sehr häufig vom Außen zum Innen führt. So können wir in vielen Kapiteln der Regel lesen, wie das Gebetsleben und das profane Leben in der Gemeinschaft der Mönche geordnet sind. Zum Beispiel:

- „Die Zahl der Psalmen beim Nachtgottesdienst" (Kap. 9)
- „Die Morgenfeier an den gewöhnlichen Tagen" (Kap. 13)
- „Die Reihenfolge, in der die Psalmen zu singen sind" (Kap. 18)
- „Vom Schlaf der Mönche" (Kap. 22)
- „Der Wochendienst in der Küche" (Kap. 35)
- „Der Wochendienst des Lektors" (Kap. 38)

Die Regeln einer Gemeinschaft mitzutragen bedeutet, wesentlich am sozialen Gelingen dieser Gemeinschaft mitzuwirken. Der suchende Mensch bedarf der Anleitung durch das Außen. Manager sind in mehrfacher Hinsicht suchende Persönlichkeiten. Wohl so ist es zu erklären, daß sie sich von der Benediktregel in ihrem Inneren erreichen lassen. Ich kenne einige Führende, die sich in Klöstern als „Mönche auf Zeit" (das ist die offizielle Bezeichnung im Sprachgebrauch der Klöster) aufgehalten haben.

Normatives und eigene Normen

Der Wert des Normativen ist auch darin zu erkennen, daß es sich prägend auf die Normenbildung des suchenden Menschen auswirkt. Ich denke dabei nur am Rande an die frühkindlichen Prägungen. Wichtiger erscheint mir für die Erwachsenenwelt die Übernahme von akzeptierten fremdgesetzten Normen. So zeigt die sittliche Erfahrung:

- Jede fremdgesetzte Norm kann zur eigenen Norm werden.

Das Normative der in der Klostergemeinschaft gelebten Benediktregel sinkt behutsam in die Innenwelt des Mönchs ein. Der Novize, der bei seinem Eintritt in das Kloster einen Teil der Weltnormen hinter sich läßt, erfährt in der Gemeinschaft des Konventes die Praktikabilität eines so gestalteten – eben geregelten – Lebens. Oft veranlaßt ja die Fragwürdigkeit der Weltnormen den einzelnen, sich mit anders Gültigem zu befassen. Der Überdruß einer vorwiegend materiellen Normenwelt führt sehr oft zur Suche nach geistig-spirituellen Angeboten. Dies wohl deshalb, weil das menschliche Individuum sich gelegentlich auf seinen geistigen Ursprung besinnt.

Aus Gesprächen mit Managern weiß ich, daß viele nach einem Aufenthalt im Kloster oder schon nach der Lektüre geistlicher Werke ihre Beziehung zum Metaphysischen und ihr Gebetsleben neu geklärt haben. Noch immer gilt deshalb:

- Führende, die eine geistliche Dimension in ihrer Persönlichkeit zulassen und nach ihr leben, haben die Allmachtsansprüche ihres Ichs erheblich reduziert.

Denn die Akzeptanz einer geistigen Autorität und die Übernahme ihrer Normen verleihen auch dem eigenen Wertgefüge eine neue Gültigkeit. Es entsteht gleichsam ein neuer Selbstwert der Persönlichkeit, der das Selbstverständnis des einzelnen durchdringt.

Normatives und Glaubwürdigkeit

Menschen, die das Normative eines Weltbildes in ihr Wesen internalisiert haben, wachsen in ihrer Glaubwürdigkeit. Sie zeigen, nach welchen Prinzipien sie leben.

- Glaubwürdig ist, wer lebt, was er sagt!

Haben nicht aber Führende der Wirtschaft, Politik und Kirche gerade in den letzten Jahren erheblich an Glaubwürdigkeit eingebüßt? Eben deshalb, weil sie sich an ihrem Gesagten überprüfen lassen mußten! Die Glaubwürdigkeit eines Menschen wirkt um so eindringlicher, je offener er zu erkennen gibt, nach welchen Normen er lebt. Dies setzt gewiß in der Persönlichkeit eines Menschen ein hinreichend ausgeprägtes Normengefüge voraus. Wie stark dieses Normengefüge konturiert ist, wird am Handeln eines Führenden sichtbar; denn Normen sind Handlungsprinzipien. Ob ein Mensch glaubwürdig ist, kann er selbst nicht bewerten. Das sagen ihm seine Mitmenschen. Für glaubwürdig gehalten zu werden ist eine sittliche Auszeichnung für einen Menschen. Dieses ethische Prädikat bildet auch die Grundlage für persönliche Identifikationen.

- Nur narzißtische Menschen verleihen sich selbst Glaubwürdigkeit. Ihre personale Fixierung auf ihr Ego verhindert es, Maßstäbe anderer für die Eigenbewertung zuzulassen.

Die Glaubwürdigkeit eines Menschen offenbart sich auch in der Kontinuität des gelebten Normativen. „Kontinuität“ bedeutet hier die Stetigkeit, die Beständigkeit und damit Ausgewogenheit im Umgang mit den persönlich geltenden Normen. Wenn Normen lange Zeit für einen Menschen Gültigkeit besitzen, so bilden sie seinen Lebensinhalt. So ist es das bedeutendste ethische und spirituelle Prinzip des Benediktiners, die Regel des Ordensgründers zu befolgen und dadurch ein lebendiges Zeugnis von der „Zeitlosigkeit“ des Benediktinischen zu geben. Hier mag der profan-pragmatische Schluß gelten: Was sich eintausendfünfhundert Jahre bewährt hat, ohne in seinem Fundament verändert worden zu sein, kann in seinem normativen Wert nicht bezweifelt werden.

- Die Kontinuität gelebter Normen erhöht die Glaubwürdigkeit der Intention des Normativen.

Noch ein weiterer Gesichtspunkt erscheint hier wichtig: Wer sich mit Normen identifiziert, übernimmt die Verantwortung für diese Normen. Genauer: Der nach Normen Lebende entwickelt eine Verantwortung dafür, die Richtigkeit und damit den Sinn dieser Normen zu beweisen. Dieses Beweisen geschieht durch sein Handeln. Ein Handeln, das die Realitätsnähe der Normen bescheinigt. Denn praxisnahe

Normen sind auch lebensfähige Normen. Daraus erklärt sich ihre zwangfreie Kontinuität.

Normatives und Sicherheit

Die Beziehung zwischen dem Normativen und der Sicherheit eines Menschen meint besonders die psychische Kompetenz des Normativen. Hier tritt die beruhigende, bewahrende Tendenz des Normativen hervor.

- Das Normative verleiht Sicherheit im Handeln.

In den Normen, die die konkrete Handlungspraxis begleiten, teilt sich für den Handelnden das Beschützende deutlich mit. Aus der praktischen Handlungsanleitung empfängt er das Gefühl der Sicherheit, nicht gegen das Regelnde des Zusammenlebens zu verstoßen. Welches Tun der Mönch auch immer verrichtet, er wird durch die Benediktregel geführt. Sie erfüllt eine kommunikative Funktion, die den Stil des Klösterlichen kennzeichnet. Das Gefühl der Geborgenheit erwächst für die Mönche vor allem aus dem Bewußtsein, sich in einer sozialen und sittlichen Verbundenheit mit Menschen zu wissen, die die Normen der Ordensregel als ihren Lebensinhalt freiwillig erwählt haben. Das ist für einen Menschen, der sich den Ordnungsprinzipien eines Gemeinschaftlichen ohne Zwang anvertraut, keine Bevormundung. Im Sinne der angewandten Ethik bedeutet das Normative insofern Sicherheit, als es dem sittlich Handelnden die Gewißheit verspricht, der persönlichkeitsimmanenten Instanz gemäß zu handeln: nämlich gemäß dem Gewissen.

Normatives und persönliche Disziplinierung

Häufig leben Menschen in einem Gefühl des Verunsichertseins und der Ungeordnetheit. Es fehlt ein haltgebendes Darüber, von dem sie auch zu etwas Maßvollem im Leben geführt würden. In der Begegnung mit dem Normativen nun lernt der einzelne wirksame Prinzipien kennen, die ihm das Begreifen seiner selbst gestatten. Die persönliche Disziplinierung, anfangs oft genug mit körperlicher Askese verbunden, drängt den Suchenden gelegentlich an die Grenze des Angenehmen. Verzicht und Verwöhnung ist ja für den Menschen der Gegenwart eine hart drückende Polarität. Normen, die das Verzichten wünschen, werden meistens verdrängt. Wer sich die Befriedigung beinahe aller Bedürfnisse erlaubt, verlernt das Nein-Sagen. Seine persönliche Willensbildung verkümmert oder bleibt auf jene Inhalte beschränkt, die der Bestätigung des Ichs huldigen. Ein gelegentliches Nein jedoch zu dem ständig Drängenden des menschlichen Verlangens gibt einer heilenden Bescheidenheit Raum.

- Erst durch das selbstgewollte Nein beginnt sich der Mensch in seiner Wesenstiefe zu begreifen.

Das Selbstbegreifen aber ist ein Postulat an den Führenden; denn wer andere begreifen will, möge zuvor sich selbst begriffen haben.

3. Über Führungskultur

Wirtschaftsunternehmen, die auf ihr Ansehen in der Öffentlichkeit bedacht sind, bemühen sich gegenwärtig sehr darum, mit dem Thema „Führungskultur“ möglichst oft positiv in Verbindung gebracht zu werden. Allerdings scheint es wohl für manche Initiatoren unerheblich zu sein, ob es sich dabei um gelebte Praxis des Führens handelt oder lediglich um ein fassadenartiges Profil. Die zahlreichen Publikationen auf diesem Gebiet weisen ebenfalls seltener den Weg zu persönlicher Tiefe als mehr zu einer intellektuellen Beschäftigung mit Thesen und Theorien des Führens. Nach meiner Beobachtung deutet hier übereifriges Besorgtsein um Ansehen eher auf die Kompensation von Schuldgefühlen im Führungsalltag hin als auf wirkliche selbstkritische Reflexionen über das firmeninterne Führungsgebaren.

Nein, Führungskultur meint zuallererst das ganze Menschsein. Welch beeindruckende Chance bietet hierbei die Benediktregel, „Kultur“

und „Führen“ zu einer würdigen Synthese zu vereinen! Doch zunächst seien einige Gedanken zum Begriff „Kultur“ dargelegt. Das lateinische Verb „colere“ läßt in seinem breiten inhaltlichen Verständnis bereits ahnen, welche geistigen Dimensionen das spätere Wort „Kultur“ entfalten würde. Zum einen heißt es: „Land bestellen, bebauen, bearbeiten“, „einen Ort bewohnen, ansässig sein“; zum anderen auch: „für jemanden oder etwas Sorge tragen, hochhalten, heilig halten, wahren, verehren“. „Kultur“ bezeichnet also zunächst ein Handeln, das für das Menschsein notwendige und zumutbare Lebensbedingungen schafft. In ihrem lebensnahen Ursprung siedeln wir daher den Beginn von Kultur in jenem Wirken an, das die existentiellen Grundlagen für das körperliche Fortbestehen sichert: im Anbau und in der Pflege landwirtschaftlicher Produkte. Dort, wo sich Menschen niederlassen, gestalten sie ihren Lebensraum nutzbringend. Sie entwickeln Identifikationen und Ideen, um körperlich und geistig-seelisch mit jenen Elementen zu verschmelzen, von denen sie ihre Existenz getragen sehen. Landwirtschaft und Wohnkultur wurden ebenso zu Bedeutungsträgern von Kultur wie die Sicherung des Erworbenen und Aufgebauten. Darüber hinaus entwickelten die menschlichen Individuen und die Gemeinschaft, die sie gründeten, ein Bewußtsein dafür, das Geschaffene zu bewahren und in Normen zu behüten. Das Weitergeben von Bewährtem wurde bald zum Anliegen jeglicher Tradition.

- Tradition bedeutet somit die Weitergabe von Werten, die eine menschliche Gemeinschaft für sich selbst entwickelt und in Normen verankert hat.

Zu einem wesentlichen Auftrag für die Kultur ist es geworden, dem bestehenden kollektiven Bewußtseinsgut immer neu Errungenes hinzuzufügen und es in das gültige Wertesystem einzugliedern. Weil Kultur das Menschsein meint, bezieht sie sich auch stets auf Sozialgebilde, die vom Jeweiligen des Menschseins geformt werden. Im Sinne dieses Buches bedeutet daher „Kultur“ das Gesamte des Ausdrucks von geistig Reflektiertem und Akzeptiertem, das sich ein Sozialgebilde als Wert geschaffen hat. Kultur hat sehr viel mit einem geistigen Überbau zu tun, der den Bewußtseinsstand einer Gemeinschaft charakterisiert. Das von dieser Gemeinschaft als wert-voll Betrachtete „kultiviert" sie, worunter wir die Pflege und Weiterentwicklung des Guten und Nützlichen verstehen. Die Regel Benedikts nun verkörpert Werte und Normen für ein religiöses Sozialgebilde, das „Klostergemeinschaft" heißt. Weil sich diese religiös orientierte Institution mit ihrem Gründer Benedikt zum Ziel setzt, der Vervollkommnung in der Nachfolge Christi zu dienen, verwirklicht sie damit ein elementares Anliegen christlicher Kultur. Christlich insofern, als sie das von Jesus Christus Gesagte zur Norm und damit zu wegweisend Gültigem erhebt. In dieser Struktur und Geschlossenheit stellt die Benediktregel selbst einen erheblichen Bestandteil christlich-abendländischer Kultur dar. Sie ist zu einem sittlichen Meilenstein religiöser Lebenspraxis geworden. Wir erkennen dies an ihrem noch heute gültigen Aussagewert für Ordensleute und Weltmenschen, die das Dargebotene für ihre Lebensgestaltung akzeptieren können. Jedes menschliche Sozialgebilde bedarf für sein Bestehen einer Steuerung durch eine Struktur. Sie erlaubt es, die Menschen, die in einer solchen Zuordnung zueinander leben, zu lenken und in ein von Konflikten wenig überschattetes Miteinander einzubetten. Sie setzt jedoch in der Persönlichkeitsentwicklung des Führenden Haltungen und Werte voraus, die ein relatives Freisein von Konflikten erwarten lassen. Da Persönlichkeitsentwicklung auch immer Bestandteil kultureller Entwicklung ist, bedeutet sie ein Widerspiegeln der im kulturellen Prozeß gewonnenen Einsichten und Handlungen. „Führungskultur" heißt nun die Verwirklichung der im Prozeß der kulturellen Entwicklung gewonnenen Werte durch die Interaktionen mit den Geführten.

- Führungskultur ist Ausdruck der Persönlichkeitsentwicklung des Führenden. Sie meint das Sichtbarwerden von Normen und Einstellungen in der hierarchischen Beziehung zu den Geführten. Deshalb muß sich Führungskultur am praktischen Umgang mit den Handlungspartnern überprüfen lassen.

Betrachten wir im Hinblick auf diese Überlegungen die Regel Benedikts, so finden wir in ihr mehrere Hinweise, die Aufschluß über das gewünschte Persönlichkeitsprofil von Führenden in der Klostergemeinschaft geben. Dazu seien drei Beispiele angeführt:

- „Die Dekane des Klosters"
- „Die Eigenschaften des Cellerars des Klosters"
- „Die Einsetzung des Abtes"

Benedikt formuliert die Eigenschaften der Verantwortlichen im Kloster als Postulate. Dies entspricht dem Charakter der Regel, zu Sittlichkeit und wachsamem Umgang miteinander aufzurufen.

Die Dekane des Klosters

Das Kapitel 21 der Benediktregel liest sich so:

> „Wenn die Klostergemeinde größer ist, sollen aus ihrer Mitte Brüder von gutem Ruf und heiligem Leben gewählt und zu Dekanen bestellt werden. Diese führen in allen Angelegenheiten die Aufsicht über ihre Dekanien, im Einklang mit den Geboten des Herrn und den Weisungen ihres Abtes. Zu Dekanen sollen Brüder gewählt werden, auf die der Abt ruhig einen Teil seiner Bürde legen kann. Für die Wahl soll nicht die Rangordnung maßgebend sein, sondern das vorbildliche Leben und die Weisheit der Lehre. Gibt ein Dekan, von Stolz aufgebläht, Anlaß zum Tadel, dann soll er einmal, ein zweites und drittes Mal zurechtgewiesen werden; will er sich nicht bessern, so werde er abgesetzt, und ein anderer, der würdig ist, soll an seine Stelle treten. Das gleiche bestimmen wir für den Prior."[13]

Der Dekan leitet kleinere Gruppen von Mönchen im Auftrag des Abtes. Es sind sozusagen „Mönchsabteilungen" des Klosters. Das äußere Merkmal der benediktinischen Führungskultur präsentiert sich hier als das Führen in kleineren Gruppen bis zu etwa zehn Mönchen. Je nach der Anzahl der Mönche eines Konvents können die Gruppen auch von weniger als zehn Mönchen gebildet werden. Benedikt berücksichtigt bei dieser Struktur das Bedürfnis der Mönche nach persönlicher Zuwendung. Die Mönchsgemeinschaft ist durchaus mit einer Familie vergleichbar, in der persönliche Nähe die stützende Säule für emotionales Wachsen geworden ist. Dieses Wachsen wird dadurch begünstigt, daß die Mönche ihr ganzes Ordensleben in demselben Kloster verbringen (stabilitas loci).

Die benediktinische Führungskultur wählt Menschen aus, die in ihrem sittlichen Ansehen vor der ganzen Gemeinschaft bestehen können. Denn mit „gutem Ruf und heiligem Leben" ist ein charakterliches und spirituelles Profil angesprochen, durch das sich der Mönch als kompetent erweist. Dieser ethische Anspruch erinnert durchaus an Platon, der von Führenden – nicht nur in der Politik – ein „tugendhaftes Leben" erwartet. In der Gestalt des Dekans hat Benedikt einen Führenden geschaffen, der zwischen dem Abt und den übrigen Mitgliedern der Klostergemeinschaft steht. Eine allseitige Glaub- und Vertrauenswürdigkeit zeichnet den Dekan aus. Diese sittlichen Merkmale lassen ihn zu einer überzeugenden Persönlichkeit für die übrigen Brüder werden. Im benediktinischen Führungsverständnis setzt die Qualität der Persönlichkeit die Rangordnung außer Kraft. Das „vorbildliche Leben" wird zum wichtigsten Kriterium für die Wahl des Dekans. *Für die Führungspraxis der Gegenwart ist es bedenkenswert, bei der Nachfolge in höhere Hierarchien jene Personen zu berücksichtigen, deren Sympathiewerte durch heterogene Zustimmung bestätigt werden.*

Aber Benedikt fordert von dem, der zum Dekan gewählt wird, auch „Weisheit der Lehre". Er meint damit einen Menschen, der in seiner inneren Reife zu einem Bewußtseinsstand gelangt ist, der sich in gelebter Erfahrung ausdrückt; denn „Weisheit" ist durch Erfahrung gewonnene innere Reife und Souveränität. Der weise Mensch verkörpert reflektiertes Dasein als Quelle für weitere Lebensimpulse, die er anderen schenkt. Der Weise bringt sich selbst gleichsam dar, um dem Suchenden ein besonneneres Nachdenken nahezulegen. Der Weise als Führender ist schon ein aus sich selbst Handelnder, und das Führen meistert er als ein von Weisheit Geführter. Auch dies sei gesagt:

- Das Führenlassen ist der Beginn von Weisheit, weil sich darin die Bereitschaft zur Demut manifestiert.

Benedikt setzt durch seine Regel christliche Aussagen in die Praxis um. So wandelt sich dieses Normative sinnstiftend zu lebendiger Religiosität. Diese zeigt sich wiederum im praktischen Vollzug durch die alltägliche Interaktion. Er wäre allerdings ein schlechter Menschenkenner, wüßte er nicht, daß ein Amt auch vom Schatten des Stolzes umschlichen wird. „Von Stolz aufgebläht" zu sein gibt „Anlaß zum Tadel".

- Stolze Menschen leben in einem Bewußtsein der Selbstherrlichkeit.

Stolze Führungskräfte kommunizieren in einer übertriebenen Selbstbewertung. Nicht selten ist ihnen intellektueller Dünkel anzumerken, eine Einbildung, die nach dem Urteil der Mitmenschen distanzierend erscheint. Benedikt hat stolze Menschen beobachtet. Sie blähen sich auf und werden dadurch nur noch hohler. Aufgeblasener Stolz ist für Führende ein schädlicher Begleiter. Er ruiniert die Glaubwürdigkeit eines kollegialen (brüderlichen) Gesprächs und verschließt die Offenheit suchender Gemüter. In der profanen Welt kokettieren manche Führenden der Politik und Wirtschaft gar mit ihrem Stolz. Nicht selten treten sie in den Medien mit einer solchen Haltung auf, um Produktrivalitäten zu schüren oder andere Parteien zu erniedrigen.

Benedikt bietet dem, der dem Stolz verfallen ist, drei Chancen zur Korrektur: Wer stolz ist, wird zurechtgewiesen. Im Zurechtweisen liegt die Aufforderung, sich zu besinnen und seinen Selbstwert neu zu definieren. Nach Benedikt ist der Stolze des Führens nicht wahrhaft würdig; er wird abgesetzt. Stolze Menschen – auch Dekane im Kloster – sind dauerhaft nicht führungsfähig.

„Die Eigenschaften des Cellerars des Klosters"

Der „Cellerar" ist der Wirtschaftsfachmann des Klosters. Er sichert die wirtschaftlichen Belange für die Mönchsgemeinschaft und trägt für die ökonomische Existenz eine große Verantwortung. Die wichtigsten Stellen des Kapitels 31 der Regel Benedikts über die Eigenschaften des Cellerars seien zitiert:

> „Zum Cellerar des Klosters wählt man einen aus der Gemeinschaft aus, der lebenserfahren ist und einen reifen Charakter hat, der mäßig und kein großer Esser ist, nicht hochmütig, nicht aufgeregt, nicht grob, nicht umständlich, nicht verschwenderisch, der vielmehr Gott fürchtet. Er soll für die ganze Klostergemeinde wie ein Vater sein ... Er soll die Brüder nicht betrüben. Falls ein Bruder unvernünftige Wünsche vorbringt, dann soll er ihn nicht betrüben, indem er ihn mit Verachtung zurückweist, sondern die unvernünftige Bitte mit Angabe des Grundes bescheiden ablehnen ... Alles Gerät und die ganze Habe des Klosters soll er als heiliges Altargerät betrachten. Nichts soll er nachlässig behandeln. Er soll nicht dem Geiz ergeben, aber auch kein Verschwender und Vergeuder des klösterlichen Besitzes sein, sondern in allem Maß halten und die Weisungen des Abtes befolgen. Vor allem muß er demütig sein. Kann er einem Bruder nichts geben, dann gebe er ihm wenigstens eine freundliche Antwort ... "[14]

Benedikt war ein frommer Realist. Nur ein solch realitätsnaher Mensch war wohl befähigt, die Alltagspraxis seines Ordens so zu prägen, daß sie beinahe zeitlose Kriterien für angewandte Christlichkeit in die Tat umsetzte. Es zeigt sich – das wird später noch an anderen Beobachtungen deutlich –, wie es trotz aller weltlichen Skepsis gelingt, Christliches auch gegenwärtig noch immer zu leben. Hier finden wir wieder eine Führungskultur, die sich an ihrer Realitätsnähe überprüfen läßt und diesem Überprüfen standhält.

Im Cellerar erscheint die Personifikation des Ökonomischen im Kloster. Er ist zugleich – neben dem Abt – jene Symbolgestalt, in der sich Geist und Materie zu einer notwendigen und nützlichen Handhabung des Alltäglichen vereinigen. Ein Lebenspraktiker ist deshalb erwünscht, der mit klarem Sinn und reifer Selbstdisziplin zu entscheiden und zu unter-scheiden vermag. Benedikts Anspruch an den Cellerar ist hoch. Ein Mann soll es sein, der in psychischer Solidität herangereift ist und damit eine Individualität verkörpert, die die Brüder menschlich erreicht. Ihm wird viel Gespür für das allgemein und persönlich Notwendige abverlangt. Sein Interaktionsstil drückt angewandte Sittlichkeit aus. Seine eigene Führungskultur läßt erwarten, daß er sich in strenger Selbstbeobachtung übt und dies auch für die Mitbrüder erkennbar wird. Wer mit Wirtschaftsgütern umgeht, ist sehr gefährdet, sich von ihnen binden zu lassen. Der Cellerar wird sich persönlich nicht bereichern, weil auch er Armut als eines der drei Gelübde versprochen hat. Er muß das Maßvolle in besonderer Weise zur Norm für sich und die Klostergemeinschaft erheben. Nur wer persönliche Einschränkungen als hilfreich empfindet, entwickelt ein Maß für den Umgang mit eigenem und fremdem Gut. Nicht verschwenderisch zu sein, heißt auch, Sorgfalt und Würde gegenüber dem Anvertrauten walten zu lassen. Sich zu sorgen wie ein Vater – darin liegen die Postulate Benedikts, die die Verantwortung für das physische und psychische Befinden einfordern. Sich um alles zu sorgen meint aber auch, sich mit allem zu identifizieren. Das jedoch gelingt nur dem, der sich selbst zurücknimmt, um den Identifikationsinhalten seinen persönlichen Innenraum anzubieten. Auf sehr subtile Weise geht der Cellerar mit der Psyche der Mitbrüder um. Wer einen anderen Menschen betrübt, macht ihn traurig, bereitet ihm Kummer. Er überschattet das Frohsein des anderen mit negativen Gefühlen. In der benediktinischen Führungskultur ist solch ein Umgang miteinander nicht erwünscht. Benedikt kennt auch eine der Hauptursachen des menschlichen Betrübtseins: die Verachtung des anderen.

- Wer einen anderen Menschen verachtet, übt Herrschaft über ihn aus.

Verachtung ist stets ein eigenmächtiges Handeln. Sie ist die kranke Gespielin der Ignoranz. Wo die Verachtung in das Zwischenmenschliche einschneidet, zerstört sie das innere kommunikative Wollen. Auch auf das Unvernünftige gilt es mit Besonnenheit zu reagieren.

- Wer die Ablehnung eines Wunsches begründet, hält die Gesprächsfähigkeit am Leben.

Zum benediktinischen Interagieren gehört auch die Verantwortung im Umgang mit dem Gegenständlichen. Verantwortung schließt eine bewußte Beziehung zum Verantwortungsinhalt ein. So erhält das Gegenständliche über seinen praktischen Nutzen hinaus einen Sinn, denn es wird zu einem materiellen Dasein, dem der Verantwortung Tragende mit Achtung begegnet. Benedikt heiligt sogar das alltäglich Benutzte, indem er den Cellerar auffordert, die „Habe des Klosters als heiliges Altargerät zu betrachten“. So existiert für Benedikt auch ein sittlicher Bezug zum materiellen Besitz des Klosters. Der Mensch tritt in einen stummen Dialog mit dem vorhandenen Gut ein und respektiert es.

Die Verantwortung für den klösterlichen Besitz drängt sich auch in dem Dualismus Geiz und Verschwendung auf. Vielleicht reift das Verantworten gerade in diesem sittlichen Raum des Entscheidens heran: stets abzuwägen, in welcher Menge von dem Vorhandenen abgegeben wird. Manchmal mag dieses Entscheiden auch im Gespräch auftauchen: Sagt ein Sprechender zuviel oder zuwenig? Beschenkt er die Mitwelt in großzügiger verbaler Geberlaune, oder geizt er in kargen Wortbrocken? Auf dem Grat des Maßhaltens sicher zu schreiten, das verlangt vom Gehenden einen guten Überblick und tiefen Einblick in das verwaltete Gut. Selbst wenn er nichts Materielles geben kann, möge er mit einer freundlichen Antwort reagieren. Der Antwortende hält aus seiner inneren Fülle etwas bereit, durch das er das Herz, den Sinn des Mitmenschen berührt. Eine freundliche Antwort kann trösten. Das Freundliche bestimmt dabei den Interaktionsmodus. Der in seinem Wünschen zurückgedrängte Mensch bleibt dennoch nicht unerfüllt allein. Auch für den Führungsalltag der Gegenwart gilt:

- Ein verbindlich gesprochenes Nein verwundet weniger als ein abweisendes Nein; denn das Verbindliche bewahrt das Interesse am Mitmenschen.

„Die Einsetzung des Abtes“

Das Kapitel 64, in dem Benedikt über die „Einsetzung des Abtes“ handelt, wird uns noch in anderem Zusammenhang beschäftigen. Doch schon an dieser Stelle sollen einige Führungseigenschaften und Merkmale von Führungshandeln zitiert sein, die die benediktinische Führungskultur profilieren. Lassen wir zuerst wieder die Quelle sprechen:

> „Bei der Einsetzung des Abtes gelte immer der Grundsatz, daß der bestellt wird, den sich die ganze Klostergemeinde einmütig, in der Furcht Gottes, oder ein auch noch so kleiner Teil der Klostergemeinde nach besserer Einsicht wählt. Man soll aber den wählen und einsetzen, der verdienstvolles Leben und Lehrweisheit verbindet, wenn er auch in der Rangordnung der Klostergemeinde der Letzte wäre.
>
> Er soll wissen, daß er mehr zum Helfen als zum Befehlen da ist … Muß er zurechtweisen, handle er klug und gehe nie zu weit, damit das Gefäß nicht zerbricht, wenn er es allzu sauber vom Rost reinigen will … Und er suche mehr geliebt als gefürchtet zu werden.“[15]

Mit der Persönlichkeit des Abtes – des Vorstehers des Klosters – ist der Bewußtseinsraum des klösterlichen Geschehens in anspruchsvoller Weise besetzt. Er ist das geistliche Oberhaupt, das die spirituelle Position markiert und den Reifeprozeß der Konventgemeinde beeinflußt. Ein säkular gefangener Abt wird daher die Weltlichkeit mit all ihren drohenden Abhängigkeiten in die Klosterräume einziehen lassen. Ein sakral erfüllter Abt wird dem spirituellen Wachsen ein schärferes Augenmerk widmen. Benedikt zeichnet in der Gestalt des Abtes ein Vor-Bild für die Mönchsgemeinde. Wird das Vorbild von allen angenommen, so hebt es sich ab von den übrigen Mönchen. Der von allen Mönchen Akzeptierte bewahrt sie vor dem Auseinanderweichen, weil er durch sein praktiziertes Leben ihre Identifikationssuche stillt. „Einmütig" meint ja die innere Sinnes- und Erlebniseinheit der beurteilenden Klostergemeinschaft. Um eine menschliche Gemeinschaft zur Einmütigkeit im Urteil über einen anderen Menschen bewegen zu können, ist es vonnöten, sich den anderen – den Beurteilenden – zu erkennen zu geben.

- Das Erkennengeben ist eine bedeutende Form des Loslassens eigener Persönlichkeitselemente. Es gewährt Einsicht in das Innere, ohne einen Profilverlust zu befürchten.

Dabei ist der sich öffnende Mensch nicht aufdringlich oder gar narzißtisch; seine unverkrampfte Natürlichkeit vermittelt die Gewißheit, ein Mensch zu sein, der von einem tiefen göttlichen Hintergrund getragen wird. „Verdienstvolles Leben und Lehrweisheit" des Abtes sollen das Einmütige in der Gemeinschaft der Mönche bestärken. So wissen sie, daß sie jenen als Abt eingesetzt haben, der das Gesamt des Klösterlichen in sich vereinigt.

Besonders bemerkenswert für die benediktinische Führungskultur ist der Gewissensappell an den Abt, er sei „mehr zum Helfen als zum Befehlen da". Der Abt ist der „monarchisch" Führende im Kloster. Verantwortung und Macht paaren sich in seinen Händen zu einem sittlichen Gebilde, das den Auftrag des Metaphysischen in der Welt vollzieht. Dieser Auftrag aber, in der Christusnachfolge vollzogen, fordert ein Führen, ein Lenken ein, das aus Liebe handelt, nicht jedoch aus Machtmotiven. Die Macht ist nur das schlummernd Mögliche, das einsetzt, wenn die Milde mißbraucht wird. Der Befehl ist in seinem Wesen verhärtet. Er kennt oder vermutet einen Widerstand im Mitmenschen. Der Befehlende bricht ein in die Ruhezone des Hörenden, um sich gegen ihn zu behaupten. Dort aber, wo das Handeln freiwillig geschieht, bedarf es keines Befehlens. Das Befehlen löst sich dann schon im Vorraum des Konflikthaften auf.

Der Helfende sieht die Not des Hilfsbedürftigen. Wer zurechtgewiesen wird, befindet sich in persönlicher Unausgewogenheit. Mancher Führende möge deshalb für sich selbst und für die Geführten bedenken:

- Persönliche Unausgeglichenheit ist häufig ein unbewußtes Signal der Bitte um Hilfe.

Der Führende – der Abt – erhält in der Benediktregel Verhaltenshinweise, wie er das Zurechtweisen handhaben soll. Benedikt wählt dazu den Vergleich mit einem Gefäß, das vom Rost der seelischen Spannungen gereinigt werden soll. Das Gefäß der Persönlichkeit nicht zu zerbrechen, einen Geführten nicht in seinem Lebensgefühl zu zerstören – das ist die Botschaft Benedikts an den Führenden. Damit entsteigt dem Gewand verletzender Strenge das angemessen Einfühlsame, das die Strafe zur Korrektur transformiert. *Gerade in diesem Umwandeln zeigt sich das Sittliche einer Kultur: im Unvollkommenen den Aufbruch zur Ganzheit zuzulassen.*

Auch das Heilwerden ist in dieses Kulturverständnis eingesenkt. Wenn die Beziehung zwischen Liebe und Furcht vom menschlichen Zueinander beseelt ist, löst sie das Mißverstehen auf und bereitet den Weg für die Nähe.

- Wer geliebt wird, hat meist zuvor und zuerst geliebt.

Seine Liebesfähigkeit weckt im anderen die vertrauensvolle Annäherung, die sich im Sprechen öffnet und offenbart. Das Öffnen geht hinaus aus der Höhle des Unausgesprochenen und beleuchtet am anderen das Furchterregende. Das Furchtgebietende jedoch verliert seine Macht, sobald es seinen Kern zeigen muß. Führende, die gefürchtet werden, treiben ein Spiel mit Angst und Macht. Doch reißen sie – unmerklich zunächst – zwischenmenschliche Abgründe auf, in die sie selbst stürzen. Benedikt weiß um alles dies. Deshalb rät er dem Führenden, zu lernen, mit seinen eigenen Ängsten konstruktiv umzugehen.

In den weiteren Kapiteln dieses Buches werden diese Gedanken noch genauer beleuchtet.

4. Vorbemerkung

Es ist ein elementares Ziel dieses Buches, den Leser zum Nachdenken über den Stand seiner personalen Kultur anzuregen. Unter „personaler Kultur" verstehe ich den individuellen Ausdruck des Bewußtseins, das sich im gesamten Verhalten und Handeln eines Menschen zu erkennen gibt. Dieses Bewußtsein ist ein äußerst aufmerksames Wahrnehmen und Beobachten des eigenen Lebensgefühles, der persönlichen Lebensart, aber auch ein sorgfältiges Schauen auf die Gestaltung des Kontaktes zum Mitmenschen. Die personale Kultur – namentlich eines Führenden – verrät damit den Stand seiner Selbstreflexion und Selbsterkenntnis. Die Regel Benedikts lädt dazu ein, das auch für den Menschen der Gegenwart noch Gültige aufzugreifen, um es in den Raum neuen Nachdenkens über sich selbst zu heben.

Das gedankliche Angebot habe ich in sechs Kapiteln aufbereitet.

Das I. Kapitel beschäftigt sich mit der Innenwelt des Menschen. Ich verkenne dabei nicht, daß Innenwelt und Außenwelt einander bedingen und in einer kaum zu trennenden Weise miteinander kommunizieren. Über das Hineinhören in sich selbst entsteht der Dialog mit dem eigenen Inneren. Mancher mag dabei entdecken, wie beruhigend für ihn seine Glaubensfähigkeit geworden ist, um eigene und fremde Akzeptanz zu stützen.

Das II. Kapitel sieht den Führenden als einen Menschen, der auch den Weg nach außen beschreitet. In der Außenwelt – in den Begegnungen mit den Geführten – setzt der Führende Zeichen seines Inneren. Er wird dadurch für die Mitwelt besser begreifbar.

Das III. Kapitel widmet sich dem sittlichen Profil des Führenden. Dabei bilden Gehorsam, Gelassenheit und Geduld besondere Kriterien für die Beurteilung der angewandten Sittlichkeit. Betrachtungen über die Schweigsamkeit schließlich runden das Kapitel ab.

Besondere Aufmerksamkeit erhält im IV. Kapitel das Thema „Demut". Sie ist jene Tugend, der nicht nur Benedikt die größten Chancen für das Wachsen von Sympathie einräumt.

Die Benediktregel prägt ein Menschenbild, das von Handeln und Spiritualität gleichermaßen charakterisiert ist. Arbeit und Leistung, Tun und Lebenssinn bilden keine Gegensätze, sondern stehen komplementär zueinander. Gerade im ausklingenden 20. Jahrhundert könnten aber Arbeit und Leistung in ihrem elementaren Verständnis pervertiert werden. Auch darüber berichtet das V. Kapitel.

Das VI. Kapitel schließlich hebt das Hierarchische als positive Erscheinung menschlichen Zueinanders hervor. Aus dem Öffnen und Abgrenzen erwachsen dem Zwischenmenschlichen neue Formen des Begreifens, von denen letztlich die Atmosphäre einer Kommunikation bestimmt wird.

I. Kapitel
Auf dem Weg zu sich selbst

1. Das Hören

Wer die Benediktregel immer wieder liest, kann den Eindruck gewinnen, als habe Benedikt das wichtigste Wort seiner Regel bewußt an den Anfang gesetzt. Der Prolog nämlich beginnt mit der Aufforderung „Höre". Der vollständige Satz lautet:

> „Höre, mein Sohn, auf die Lehren des Meisters und neige das Ohr deines Herzens; nimm die Mahnung des gütigen Vaters willig an und erfülle sie durch die Tat."[16]

Ich löse das Wort aus seinem appellativen Status und betrachte es in seiner Grundform. „Hören" meint zunächst einen physischen Vorgang: mit den Ohren, dem Gehör, wahrnehmen. Das heutige Wortverständnis hat sich vom indogermanischen Wortursprung nicht entfernt; denn die frühe Sprachwurzel läßt die Bedeutung von „auf etwas achten, merken, bemerken" erkennen. Ich definiere das „Hören" in diesem Kontext als einen bewußten kommunikativen Akt, der die Aufmerksamkeit des Hörenden in besonderer Weise herausfordert. Ich grenze dieses Hören ab gegenüber einem Welt- und Wortgeräusch, das an das Ohr heranflutet, aber den Hörenden nicht wirklich erreicht. Das Hören ist stets zielgerichtet. Sein transitiver Charakter veranlaßt den hörenden Menschen, die Hörangebote, die sich innerhalb und außerhalb des Hörenden ausbreiten, anzunehmen, sich mit ihnen intensiver zu beschäftigen. Auf jemanden oder etwas zu hören, das bedeutet, sich herausfordern zu lassen. Der Hörende verläßt das Stadium der Distanz, des Desinteresses oder der Lethargie und wird aktiv. Hören als Herausforderung bedeutet damit auch eine innere Veränderung im Menschen. Denn im Herausgefordertsein sieht sich ein Mensch veranlaßt, dem Geschehen des Augenblicks nicht auszuweichen. Wir, im Zeitalter der Medien lebend, sind eher eine Generation der Schreienden. Im großen politischen und wirtschaftlichen Geschehen wird der feine Hörinhalt weitgehend verdrängt. Weil viele Menschen in unserer Gesellschaft schreien, verhallt der Schrei des einzelnen meist ungehört. Schreie der Not sind so oft unerhört geblieben.

- Wer den anderen nicht hört, kann ihn nicht verstehen, kann ihn nicht begreifen.

In der innerbetrieblichen Kommunikation scheint es häufiger überhaupt kein Hören zu geben. Vorgesetzte hören sich selbst am liebsten und überhören dabei das Anliegen und die Bedürfnisse der Geführten. Aber auch die Ängste der Geführten hindern sie daran, auf die Aussagen des Führenden zu hören.

Empfehlung: Führende wie Geführte mögen sich an ihrem Arbeitsplatz ein deutlich sichtbares Schild aufstellen mit der Aufschrift: *Höre!*

Weil Sprechen, Sprache und Hören in meiner persönlichkeitsbildenden Arbeit nicht nur funktional, sondern auch psychisch eng miteinander verknüpft sind, bieten sich mir immer wieder zur weiteren analytischen Betrachtung dieses Themas folgende Überlegungen an:

- Hören und Angst
- Hören und Antrieb
- Hören auf das Innen
- Hören auf das Außen

Da ich Hörstörungen partiell auch als seelische Störungen interpretiere, stellt sich mir das Hören als persönlichkeitsrelevantes Phänomen in besonderem Maße dar. (Der Hörsturz mit seiner plötzlich auftretenden Schwerhörigkeit oder Taubheit besitzt auch eine tiefere psychosomatische Dimension.)

Hören und Angst

Über die Angst habe ich mich schon im Zusammenhang mit der Urangst geäußert. Doch auf das Hören bezogen, trägt sie ein anderes Gewand. Wie sind nun beide – das Hören und die Angst – miteinander verwoben? Ich meine die Angst vor dem Hören schlechthin – das Hörenmüssen. Sie wird um so greifbarer, je mehr wir bedenken, daß das Hören den Menschen an die Welt kettet. Außer durch den Schlaf kann sich der Mensch dem Hören nicht entziehen.

- Das Hören bindet den Menschen an sich selbst und an das ihn Umgebende.

Selbst wenn das Schweigen der Welt ihn umhüllt, hört er sein Inneres sprechen. Zwar wird der angeborene Zwang zum Hören sehr selten bewußt, doch die Angst vor dem Hörbaren bäumt das Erzwungene oftmals bedrohlich auf. Das Ich und das Hören sind wie das Ich und sein Schatten. Der Schatten des Hörens legt sich wie eine Umklammerung auf das Lebensgefühl des Ängstlichen.

- Die Angst vor dem Hören ist die Angst vor dem Eindringen des Unerwarteten, des Unbekannten in die Persönlichkeit.

Weil der Mensch nahezu alles im Leben hörbar gemacht hat, kann den ängstlichen Menschen auch alles Hörbare erreichen. (Sogar das, was in der Welt des Meeres bislang noch unhörbar geblieben war, hat der Mensch technisch erschlossen und für die Ohren der Welt abgestimmt.) Die Angst des Hörenden ist die Sorge, von Lauten, Geräuschen, Botschaften bedrängt, ja überwältigt zu werden und ihnen keinen Widerstand leisten zu können.

- Ein Opfer des Hörbaren zu werden ist ein wesentlicher Bestandteil der Lebensangst vieler Menschen.

Diese Angst teilt sich in Aussagen mit wie:

– „Davon oder darüber möchte ich nichts hören …“ oder

– „Ich habe das niemals von Ihnen gehört, ist das klar?“ oder
– „Wenn davon jemand hört, dann sind wir alle verloren!“

Dort, wo Menschen plötzlich von schlimmen Botschaften heimgesucht wurden, findet das Eingedrungene im Inneren keinen Platz, weil es nicht erwartet wurde. Das Gehörte, nunmehr störend eingebrochen in das seelische Befinden, durchstreift die unbekannte Behausung und sucht eine Bleibe. Je länger es im Inneren wohnt, desto mehr schafft es Unruhe. Bis sich der Mensch beruhigt hat und das Hörenmüssen zögernd annimmt.

Hören und Angst stehen aber auch in einer Beziehung zu dem bereits bekannt Gewordenen. Was einen Menschen emotional betroffen macht, was ihn ängstigt, will er meist nicht mehr hören. Das immer wieder Aufgegriffene, die Leier des Erlebten, baut eine Abwehr auf, die das innere Feine, das Wundgesprochene schützt. „Ich kann es nicht mehr hören!“ schreit oder seufzt der seelisch Getroffene und versucht, das Laute um sich herum zu verbannen. Das Anhören des schon längst Bekannten, des immer von neuem Verletzenden zermürbt den so angesprochenen Mitmenschen. Gebietet nicht die Angst des Hörenden dem Sprechenden gelegentlich, zu schweigen? „Ich weiß schon, was jetzt kommt“, sagen Partner zueinander und meinen damit mehr, als ein Zeugnis ihres prophetischen Könnens ablegen zu müssen. Es spricht die Angst aus ihnen, die Bitte um Hilfe, von den schmerzlichen Aussagen nicht erneut gepeinigt zu werden.

Hören und Antrieb

Sich selbst in seinem Hören zu begreifen ist ein bedeutendes Ziel der kommunikativen Bildung eines Menschen. Die personale Kultur eines Führenden kennt daher auch eine Kultur des Hörens. Führende in der Wirtschaft, Politik und Kirche sollten in ihrem Hören besonders verankert sein, weil sie über vieles zu entscheiden haben. Das zu Entscheidende wird ihnen von Geführten oder anderen Gesprächspartnern zu Gehör gebracht. Die Kultur des Hörens als Ausdruck einer überzeugenden Führungskultur lebt aus der Beziehung von Hören und Antrieb. Sie ist gekennzeichnet von der Haltung des Hörenwollens.

Das Hören ist auch ein Ergreifen der Welt durch den Hörenden. Es ist der Drang, alles Geschaffene in sich aufzunehmen – eins zu werden mit dem Umgebenden und dadurch seinen Wert zu erkennen. Das Hören will in der Welt sein, weil es aus der Welt seine Bestätigung erhält. Ohne den Ton, ohne die Botschaft verliert das Hören seinen Sinn. In diesem Wollen drängt der Antrieb nach Nähe, zum Leben hin. Aus dem Antrieb steigt jene Identifikation auf, die nach den Angeboten des Lebens greift. Im Grunde entgeht dem Hörenden nichts, wenn auch vieles nur lautverschwommen bleibt. Das, was der Mensch von sich fernhält, wird für ihn auch nicht als wortklare Botschaft hörbar werden. Die zarte Klang- oder Lautkontur, das fein gesprochene Wort aber wird ihn immer erreichen. Im Hören selbst findet ein Aufbruch statt, weil sich der Mensch auf den Weg begibt, sich das Hörbare zu erschließen. Das Hörenwollen als Grundmotiv leitet ihn an, durch das Wortgeräusch hindurch dem zu lauschen, was aus der gedanklichen Tiefe zu ihm spricht. Nicht immer jedoch läßt das Ohr die Botschaft so zu, wie es der Sprechende wünscht. Manchmal verfehlt die Botschaft das Hörenwollen des anderen. Auch dazu bedarf es des Antriebs, die Tore des Hörens zu schließen und alles abzuweisen, was aus der Ferne heranstürmt. Vergeblich pochen die Worte, dröhnt das Geschrei an die Ohren. Der Hörende hört schlecht oder schwer, wehrt sich gegen das Hereinlassen des Unangenehmen.

- Viele Menschen überhören, was sie nicht hören wollen.

Dauerhaft schadet ihnen der psychische Widerstand gegen das Anklopfen der Botschaft. Es ist selten die Lautstärke, die den Hörenden seelisch verletzt. Hören und Antrieb lassen im Menschen von heute auch häufiger eine Hörgier entstehen. Ob Sucht oder Flucht – das sei im Augenblick nicht bewertet. Eher erscheint es mir sinnvoll, das täglich aus vielen Quellen Herangeflutete mit seiner lärmenden Wucht zu bedenken. Die Hörgier verschlingt Geräusch um Geräusch, vor allem Musik. Sie verdrängt die Stille unserer Tage und das wahre Alleinsein.

- Ein Mensch, der von Hörgier besessen ist, kann nicht mehr allein sein. Das akustische Außen gibt ihm Zuwendung.

Die Hörgier kennt keinen Genuß. Gerade bei jungen Menschen habe ich öfter die Wendung gehört: „Ich ziehe mir noch schnell die Platte rein." So wie es in der Gastronomie den Schnell-Imbiß gibt, breitet sich der akustische Schnellverzehr rasend aus. Der Antrieb zum Hören möge ein maßvolles Interesse erkennen lassen. Dann kann eine Identifikation auch zu verantwortbarer Nähe heranreifen.

Hören auf das Innen

Wir kehren zu Benedikt zurück. In metaphorischer Weise spricht er im Prolog vom „Ohr deines Herzens". „Hören" heißt hier das tiefe innere Wahrnehmen des Gesagten, der Botschaft. Ich will den Begriff des „inneren Hörens" aufnehmen und ihn als tragende Säule der Persönlichkeitsbildung einordnen. Benedikt sagt weiter:

> „...hören wir mit erschrecktem Ohr, was die Stimme Gottes, jeden Tag uns mahnend, zuruft: Wenn ihr heute seine Stimme hört, verhärtet eure Herzen nicht! Ferner: Wer Ohren hat zu hören, der höre, was der Geist den Gemeinden sagt! Und was sagt er? Kommt, meine Söhne, hört mir zu!"[17]

Der Weg zum eigenen Wesen beginnt mit dem Hören auf das Innen der Persönlichkeit. Es ist die Sprache der persönlichen Innenwelt, die der Mensch vernehmen muß, wenn er zu sich selbst finden will. Das Hineinhören in das eigene Ich setzt die Bereitschaft voraus, mit sich selbst allein sein zu wollen.

- Das innere Hören bedarf der Stille. Sie wandelt das Hören in Horchen, in Lauschen auf das Innere.

Viele Führungskräfte nehmen auch an meinen kontemplativen Seminaren teil, die wir in Stille erleben. Während mehrerer Tage verbringen wir viele Stunden schweigend in Versenkungsübungen. Auch sonst schweigen wir im Umgang miteinander. Nur in den täglichen abendlichen Einzelgesprächen tauschen wir die Erfahrungen mit dem inneren Hören aus. Wer auf seinen Seelengrund schauen will, muß warten, bis sich der aufgewirbelte Sand des Alltags gesetzt hat. Deswegen werden auch bei den kontemplativen Seminaren störende Außengeräusche weitgehend vermieden. Welche Botschaften sendet das Innere dem Hörenden? Die Art der Botschaften ist so vielgestaltig, wie es der Lebensweg des Hörenden ist. Dennoch seien einige aufgeführt:

- Oft tauchen längst vergessene Gestalten aus der Kindheit auf, die aus dem Inneren sprechen; sie wirken auf den Hörenden beruhigend oder bedrohlich
- Verdrängte, unbewältigte Konflikte teilen sich mit und ermahnen den einzelnen, sich um sie zu kümmern
- Ungelöste aktuelle Probleme des Alltags tauchen auf, weil sie der Erledigung harren
- Schuldgefühle klopfen an, die das Hören in das Innen als reine Zeitvergeudung bewerten
- Ängste bedrohen das augenblickliche Lebensgefühl, mit den inneren Hörinhalten nicht angemessen genug umgehen zu können
- Manchmal findet eine selbstkritische Auseinandersetzung mit dem bisherigen Leben statt
- Schließlich spricht auch eine innere Stimme, die dem Hörenden Zuversicht und Geborgenheit verheißt.

In der Praxis des Führungsalltags reagieren zahlreiche Führende so, als sei ihnen das innere Hören abhanden gekommen. Wer das innere Hören verloren hat, ist in seiner ganzen Persönlichkeit verändert worden. Er ist ein fremdbestimmter Mensch geworden, der seine Impulse fast ausschließlich von seiner Umwelt empfängt. In diesem Maße wird der Mensch von anderen gelebt; er ist abhängig geworden oder geblieben.

Hören auf das Außen

Mit dem Hören auf das Außen verbinden wohl die meisten Menschen die eigentliche Funktion des Hörens. Doch die organische Pflichterfüllung des Ohres ist hier weniger gemeint. „Hören“ bedeutet in dieser Hinsicht vielmehr das Hinhören, das Zuhören, die intensive Wahrnehmung des Außen mit seinen Botschaften. Das Sinnesorgan Ohr ist notwendig, weil es als Medium dient.

Das Hören auf das Außen ist mehr als das stumme Aufnehmen von Gesprochenem. Es ist die Würdigung der Persönlichkeit des Sprechenden durch Hören. Im Hören, Anhören, Hinhören liegt ein wahrhaft tugendhaftes Handeln. In den volkstümlichen Wendungen wie „jemandem sein Ohr leihen“ oder „ein offenes Ohr für jemanden haben“ oder „jemandem Gehör schenken“ ist deutlich das innere Bereitsein für den Kommunikationspartner verbalisiert.

- Wer auf das Außen hört, zeigt Demut; denn er widmet sich im Hören – wenigstens dann jedenfalls – dem Sprechenden.

Für den anderen kein offenes Ohr mehr zu haben, ist Ausdruck von Egozentrik. Das Ge-horchen ist ein freiwilliges Unterordnen unter die Botschaft des anderen. Aus dem Ge-horchen wird der Ge-horsam als tugendhafte Haltung. Leider ist „Gehorsam“ durch autoritäre Praktiken vergangener Jahrhunderte noch heute bei manchem ein negativ assoziierbarer Begriff geblieben. Hier soll er als eine Haltung verstanden werden, die sich durch Hören auf den Mitmenschen auszeichnet. Das Hören auf das Außen heißt im Benediktinischen:

> „… nimm die Mahnung des gütigen Vaters an und erfülle sie durch die Tat … So richtet sich denn jetzt mein Wort an dich: an jeden, der dem Eigenwillen entsagen und die starken und herrlichen Waffen des Gehorsams ergreifen will, um dem wahren König, Christus, dem Herrn, zu dienen.“[18]

Gehorsam ist auch, wer der Botschaft des Außen folgt. So folgt dem Hören das Handeln. Nicht selten ist dieses Handeln ein Dienen. Letztlich liegt der Sinn des Hörens darin, ein Handeln zu initiieren. Dies geschieht, indem die Botschaften des Außen den Hörenden ermuntern oder erschüttern. Hören und Freude, aber auch Hören und Betroffenheit liegen deshalb nahe beieinander. Das Gesagte, das den Hörenden erreicht, führt ihn in manche Veränderung.

In der konkreten Führungspraxis dominiert das Hören auf das Außen über das Hören auf das Innen. Das Außen schwemmt eine solche Fülle von Hörbarem an den Führenden heran, daß dieser darin zu ertrinken droht. Es ist schwer für ihn, das wirklich Hörenswerte zu erfassen. Wo der Lärm eines dröhnenden Zeitgeistes anschwillt, kann das Hören auch nicht mehr die Wahrnehmung lenken. Der Manager der Gegenwart braucht das Schweigen, um das Hören wieder zu erlernen. Denn:

- Wo das Hören verkümmert, tritt allmählich Distanz ein.

2. Beobachtung des eigenen Handelns

Das in der europäischen Geisteswelt verbreitete positive Urteil über die Benediktregel, sie sei eine ausgezeichnete Anleitung zur angewandten Ethik, ist auch durch die Aussagen des IV. Kapitels belegt. Für Führende der Wirtschaft, Politik und Kirche ist es ein besonders empfehlenswertes Kapitel, weil es Verhaltensweisen einer guten Führungskraft beschreibt. Im übrigen sind die „Werkzeuge der geistlichen Kunst“, wie Benedikt sie selbst bezeichnet, die entscheidenden Anstöße für den gewiß schwierigen Weg zur Selbsterkenntnis. Auch das Privatleben des Führenden ist in diese Betrachtungen einbezogen.

Ich werde die nach meiner Auffassung relevanten Merkmale in ihrem praktischen und im übertragenen Sinne darstellen. Zuerst zitiere ich die Aussage Benedikts, und danach füge ich meine Überlegungen dazu an.

„Zuerst: den Herrn, Gott, lieben von ganzem Herzen und ganzer Seele und mit ganzer Kraft."

Benedikt kehrt mit diesem ersten Postulat an die religiöse Quelle zurück. Er spricht das elementar Notwendige für einen glaubenden Menschen aus: die Urbeziehung zu Gott. Der Führende, der sein Leben spiritualisiert, baut eine verbindliche, humane Beziehung zum Mitmenschlichen auf. Wer Gott wahrhaft in sich trägt, schöpft aus der Kraft in seinem Inneren.

„Zweitens: den Nächsten lieben wie sich selbst."

Auch diese Stelle aus dem Markusevangelium (12,31) ist nicht nur für Mönche bedeutsam. Sie klärt den Liebesbegriff ebenso für das profane, weltliche Leben; nämlich: Die Selbstliebe bildet die zwingende Voraussetzung für die Fremdliebe. Das Maß der Liebe einem anderen Menschen gegenüber wird durch die Intensität der Eigenliebe bestimmt. Lieben heißt: die Belange und Bedürfnisse des anderen Menschen so zu respektieren und zu akzeptieren wie die eigenen. Für die Partnerbeziehung von Führenden ist dieses Liebesverständnis besonders bemerkenswert. Zahlreiche männliche Partner übertragen – wie ich aus analytischen Gesprächen weiß – ihr berufliches hierarchisches Denken auch auf das Privatleben. So erscheinen die Bedürfnisse der männlichen Partner stets als wichtiger im Vergleich zu den Wünschen der Partnerin. Männliche Partner übernehmen das Herrschen des Berufes in ihr Privates.

„Dann: nicht töten."

Gewiß mag sich der Leser nicht zum Mörder stempeln lassen. Doch hier ist wohl nicht zuerst an das physische Töten gedacht. Das fünfte Gebot des Alten Testamentes umfaßt aus heutiger theologisch-tiefenpsychologischer Sicht erheblich mehr. Ich denke bei diesem Gebot an den psychischen Mord. Unter „psychischem Morden" verstehe ich die seelische Vernichtung eines Menschen durch Ignorieren, durch Zuwendungsentzug, durch öffentliches Bloßstellen. Gerade im politischen und wirtschaftlichen Leben scheint die gezielte Vernichtung des anderen systemimmanent zu sein. In „Unterhaltungssendungen" deutscher Fernsehsender wird die öffentliche Blamage der Teilnehmer einer Gesprächsrunde zu einem sadistischen Genuß für die Zuschauer. Leider merken die Zuschauer (noch) nicht, daß sie ihrer eigenen neurotischen und perversen Kommunikationskultur zujubeln.

In Parlamenten, bei Wahlkämpfen werden politische Gegner getötet, indem sie von Rednern persönlich verunglimpft werden.

Im beruflichen Leben führt rivalisierendes Denken bald zum Ausschalten des Konkurrenten. Das Vernichten des anderen kennt in seiner dunklen Kreativität keine Grenzen.

Das familiäre und partnerschaftliche Leben ist dann in dieser Hinsicht belastet, wenn diese sozialen Konflikte auch die Zerstörung des anderen bewußt einplanen.

„Nicht ehebrechen."

Auch dieses Gebot ist wohl nicht für Mönche bestimmt. Weil die Benediktregel für viele christliche Laien zur Lebensregel geworden ist, besitzt die Aussage über die Ehe einen hohen sittlichen Wert. „Ehe" meint feste, ein Leben dauernde geistige und psychische Bindung zwischen Mann und Frau. Dieses Gebundensein ist freiwillig entstanden und im allgemeinen aus Liebe hervorgegangen. Der Staat und meistens auch die Kirche bestätigen diese Lebensgemeinschaft durch Zeugen und Unterschrift. Dies tun sie, nachdem die beiden Partner öffentlich ihr Ja zueinander bekannt haben.

Wenn die Ehe an erster Stelle als eine körperlich-erotische Geschlechtsgemeinschaft verstanden wird, lauert die Gefahr des Ehebruchs beinahe hinter jeder Straßenecke. Denn die sexuelle Motivation zur Ehe ist auch auf andere Partner übertragbar. Körperlicher

Reiz allein kann Menschen nicht dauerhaft binden. Darin liegt die Gefahr der Sexualität für den Menschen: Nur der Augenblick des Sexuellen gilt; der Mensch hört auf, mit dem anderen in wirklicher Tiefe verbunden zu sein.

Max Picard sagt dazu: „Die Sexualität ist gegen die Dauer, sie ist gegen die Geschichte, und schon darum ist die Psychoanalyse falsch, weil sie das Sexuelle zur Geschichte des Menschen macht, das Sexuelle ist aber niemals Geschichte, sondern immer nur Augenblick, es sprengt die Geschichte."[19] Die dauerhafte, unerschütterliche Ehe ruht auf einem geistigen Fundament. Wer dieses Kriterium für die Ehe wählt, wird nur schwer und selten ehebrechen.

Die Scheidungsrate in Deutschland beträgt gegenwärtig 30 Prozent. Darunter befinden sich zahlreiche Ehen von Politikern und Wirtschaftsmanagern. Ist vielleicht die geistige Beziehung dieser Partnerschaften so verkümmert, daß sie nur noch zu Oberflächlichem – was immer dies sein mag – fähig sind, dem Reiz verfallen, der dauerhaft nichts bieten kann?

„Nicht stehlen."

Dem Manager eines großen amerikanischen Automobilunternehmens wird vorgeworfen, vor seinem Wechsel zu einem deutschen Unternehmen dieser Branche Unterlagen gestohlen und sie der Konkurrenz übergeben zu haben. Die Diebstähle in den Kaufhäusern, Einbrüche in Privathäuser mit kriminellem Hintergrund nehmen in ungeahntem Maße zu. Fernsehsender beschuldigen sich des geistigen Diebstahls, zum Beispiel Sujets für bestimmte Darstellungen gestohlen (plagiiert) zu haben.

Selbst in kirchlichen Kreisen verschwinden Gelder, die ursprünglich für die Hilfe in asiatischen Ländern bestimmt waren.

Wer stiehlt, entwürdigt nicht nur den Bestohlenen, sondern vor allem sich selbst. Das Stehlen ist die Machtergreifung über einen anderen Menschen. Zugleich bedeutet es einen Ausdruck persönlicher Unkultur.

„Nicht begehren."

Die Einsicht in den Sinn dieser Empfehlung wird vielen nicht so leicht gelingen, ist doch der Mensch von Geburt an ein begehrendes Individuum. Das Mosesbuch „Exodus" präzisiert das Begehren: „Du sollst nicht begehren das Haus deines Nächsten. Du sollst nicht begehren das Weib deines Nächsten, noch seinen Knecht, noch seine Magd, noch sein Rind, noch seinen Esel, noch irgend etwas, was deinem Nächsten gehört."[20] Als sittliches Prinzip verstanden, fordert es den, der Sittlichkeit einüben will, auf, sich auf seine eigene Wertigkeit zu besinnen. Wer in sich selbst genügend Wert verspürt, verfällt dem Begehren nicht mehr. Denn sein Wesensfundament, sein persönliches Wertbewußtsein trägt ihn. Der Führende ist wohl besonders gefährdet, sich vom Begehren nach materiellem oder immateriellem Status verführen zu lassen.

Eine vorläufige Antwort auf diesen Bestätigungsdrang kann ihm das Motiv geben, das ihn bewogen hat, eine Führungsposition zu übernehmen. Bei einem genügend entwickelten Selbstwertgefühl reduzieren sich die Wünsche, durch das Außen anerkannt zu werden.

„Kein falsches Zeugnis geben."

Ein Teil der Presse in unserer Gesellschaft lebt davon, über sogenannte Prominente Gerüchte zu verbreiten. Die üble Nachrede, der böswillige Klatsch –, all dies aber findet sich auch in den Etagen der Wirtschaftsunternehmen. Einen anderen Menschen anders darzustellen – schlechter oder besser –, als er empfunden wird oder als er fähig ist, das ist ein Verstoß gegen die Sittlichkeit. Es schadet dem, über den geschrieben oder gesprochen wird. Vorsätzlich ein falsches Zeugnis zu geben heißt Lügen zu verbreiten. Zahlreiche Affären und Skandale haben in den letzten Jahren das Lügen als gesellschaftliche Praxis entlarvt. Diese Tatsache hat wohl manchen Bürger ermuntert, sich durch „kleinere" Lügen zum Beispiel im Autohandel oder der Versicherung gegenüber zu bereichern.

In Führungskreisen werden Mitmenschen durch bewußt falsche Zeugnisse in ihrem weiteren beruflichen Aufstieg amputiert. Die angstbesetzte Egozentrizität „läßt am anderen kein gutes Haar mehr". Letztlich sind es wahrscheinlich Unterlegenheitsgefühle, die einen anderen Menschen so beschmutzen.

„Alle Menschen ehren."

Es ist zu vermuten, daß Benedikt mit dieser Ermahnung an den 1. Petrusbrief gedacht hat, in dem es heißt: „Erweist jedermann Achtung, liebt die Gemeinschaft der Brüder, fürchtet Gott, ehret den Kaiser."[21] Das ethische Prinzip „Mensch = Mensch" ist hier identisch mit der religiösen Aussage, daß das Göttliche sich im Menschsein zeigt und damit begreiflich wird.

Dem zeitgenössischen politischen, militärischen, wirtschaftlichen oder religiösen Denken fällt es noch immer sehr schwer, das Menschsein überhaupt zu akzeptieren. Solange – es seien nur wenige Beispiele angeführt – in allen Erdteilen Menschen gefoltert, wegen ihrer Rassenzugehörigkeit geächtet, wegen ihrer Nationalität bedroht, wegen ihrer Religion gesellschaftlich benachteiligt werden, bleibt dem Menschsein die Ehre gänzlich versagt.

Das marktpolitische Konzept der westlichen Welt schüttet das Menschliche durch Hierarchien, Strukturen und Wettbewerbe zu. Sie verstärken das im Menschen ohnehin schon angelegte Wertungsdenken und schaffen eine Verehrung des Konsums. Nicht dem Menschen gebührt mehr die Ehre, sondern seinen Produkten, die er verherrlicht.

In der innerbetrieblichen Kommunikation zeigt sich ebenfalls, wie wenig sich Menschen achten. Das Geachtetsein kommt jenen zu, die durch ihre Funktion und Position beachtet werden. Die Ehre empfängt der, der die Machtmittel in Händen hält. Alle Menschen zu ehren, das aber heißt, der Freude über das Dasein des anderen Ausdruck zu geben. Dies ist zugleich das Gebot, das Jesus der Nachwelt aufgetragen hat.

„Die Nackten bekleiden."

Im Sinne der tätigen Nächstenliebe ist dieses Helfen eine Geste tiefer Menschlichkeit. Der nackte Körper, allen zur Schau gestellt, erhält seine Würde zurück, indem er sich verhüllen darf. Im Verhüllen entstehen wieder Eigenart und Intimität. Doch der entblößte Körper ist auch das Symbol für die psychische Entkleidung des Menschen. Weil die Akzeptanz des eigenen Körpers auch die Voraussetzung für Selbstakzeptanz als psychische Grundqualität ist, erscheint der entblößte, demaskierte, lächerlich gemachte Mensch auch als eine Persönlichkeit voller Minder- und Schamgefühle. Der Führende hat die sittliche Verpflichtung, ein seelisches Entblößen des Geführten zu verhindern. In einem Gespräch sein Gesicht zu verlieren, das ist wie ein Riß, der sich durch den ganzen Menschen zieht. Hierher gehört, was Benedikt, der Bergpredigt folgend, mahnt: „Keinem anderen etwas antun, was man selbst nicht erleiden möchte."

„Die Kranken besuchen."

Die Krankheit ist ein Urphänomen des Menschseins. Manchmal kündigt sie sich an, manchmal tritt sie ein als das Unerwartete. Das Kranksein liegt – trotz seiner erzwungenen Selbstverständlichkeit – außerhalb der Ordnung. Der kranke Mensch fühlt sich von der Harmonie in seinem Grundbefinden verlassen und gefesselt an die unwillkommene Begleiterin. Kranksein ist oftmals auch Bitte um Zuwendung. Wer einen kranken Menschen besucht, schenkt ihm Anwesenheit. Allein das leibhaftige Dasein des Besuchenden gibt innere Ruhe. Der Besuchende nimmt den Kranken ernst. Das Wesen der Krankheit und der kranke Mensch gehören vorübergehend zusammen. Die Kranken zu besuchen – das ist praktizierte Barmherzigkeit.

„Die Toten begraben. Die Trauernden trösten."

Im Buche Tobit finden wir die ergreifende Stelle: „Vater, einer aus unserem Volk wurde ermordet, erwürgt, dann auf den Marktplatz geworfen, und dort liegt er noch. Da stand ich auf, bevor ich noch gegessen hatte, hob den Mann vom Markt auf und trug ihn in ein Haus, bis die Sonne untergegangen sei, um ihn dann zu begraben."[22]

Der Mensch des ausgehenden 20. Jahrhunderts hat eine gestörte Beziehung zu Sterben und Tod. Aus einem Lebensrausch heraus hat er das Endliche an den Rand seiner Erlebnissphäre gedrängt. Weit von sich weggeschoben, als treffe es nicht für ihn zu. Doch was ein Mensch nicht begreifen kann, das ängstigt ihn. So ist auch die Angst vor Sterben und Tod heute intensiver geworden. Die Toten zu begraben, ist eine der unangenehmsten Verpflichtungen. Und dennoch ist es ein letzter Akt der Liebe.

Die Trauer ist die Schattenseite unseres Gefühlslebens. Sie bedeutet dem, der trauert, Beistand geben. Zwar trauert der nachtodlich Leidende meistens allein; aber das Trauern will auch beachtet sein. Es bleibt ja im Leben, wenngleich es sich an den Rand des Geschehens begibt. Im Trauern wird das Loslassen vollendet. Wer dem Trauernden Trost spendet, gibt ihm Nähe. Oft wirkt die Nähe beruhigend, auch wenn sie wortlos bleibt. Wer selbst schon getrauert hat, kann auch die Trauer des Mitmenschen verstehen und deshalb ertragen. Im Trösten wird der Leidende sanft aufgerichtet zu neuer Lebenssicht.

„Sich nicht zu Taten des Zorns hinreißen lassen."

Zornig zu sein ist ein heftiges, unangemessenes Überreagieren. Der zornige Mensch überschreitet die Grenze der Selbstkontrolle und wendet sich gegen die Mitwelt. Seine innere Wunde ist aufgebrochen. Das Zornige im Menschen ist ein situatives Aufbegehren, das seine eigene Kraft nicht mehr bändigen kann. Deshalb reißt es auch im Zwischenmenschlichen so viel nieder. Wer sich hinreißen läßt, ist nicht mehr die selbststeuernde Persönlichkeit, sondern er wird oftmals vom Unerkannten in seiner Persönlichkeit gelenkt. Das Handeln im Zorn ist meist nur wütendes Ankämpfen gegen die eigene Ohnmacht.

Führende, die im Zorn handeln, müssen meist ihre Entscheidungen neu formulieren. Denn die Maßstäbe realistischen Einschätzens haben sich bedenklich verschoben.

„Nicht im Groll verharren. Keine Falschheit im Herzen tragen."

Menschen, die häufig in negativen Gefühlen leben, haben sich weit von ihrer Grundharmonie entfernt. Ihr Umgang mit der Wirklichkeit ist einseitig, und so sehen sie sich oft mehr in einer konflikthaften Welt als in einem harmonischen Dasein lebend. Der Groll, der verborgene Haß im Wesensinneren, erschüttert das menschliche Beieinander. Seine Herkunft liegt im Unausgesprochenen. Im Aussprechen erhält das Belastende einen Raum, in dem es sich ausdehnen und auflösen kann. Im Groll zu verharren – da läßt das Unausgesprochene den Menschen nicht los, weil er selbst es nicht loslassen kann. Der grollende Mensch kann den Käfig seiner negativen Gefühle nur schwer öffnen. Überall dort, wo der Groll im Herzen verharrt, ist das Verzeihen noch weit.

Die Falschheit kennzeichnet einen großen Teil der beruflichen Kommunikation. Wo sich die Persönlichkeit des Führenden oder Geführten als konfliktunfähig erlebt, weil die Angst sie beherrscht, verstellt die Angst den Weg zu einer offenen Begegnung. Solange aber das Unaufrichtige in der beruflichen Welt belohnt wird, hat das Vertrauen nur geringe Chancen. In der Falschheit lebt das nachparadiesisch Tückische fort, der Sieg des Diabolischen über das menschlich Schwache.

„Sein Tun und Lassen ständig überwachen."

Im Tun und Lassen begreift sich die menschliche Persönlichkeit. Im Handeln hinterläßt sie Zeichen ihres Wirkens, im Lassen findet sie zu stillerem Begreifen. Doch wenn sie ganz im Raum ihrer Bewußtheit lebt, nimmt sie sich mannigfaltig wahr. Das Wahrnehmen steigt auf mit den Gefühlen für den Augenblick, umhüllt von einem Dasein, das sich körperlich und geistig präsentiert. Das Selbstbeobachten bringt den Beobachtenden zu seiner wirklichen Tiefe zurück, in der die Motive für Tun oder Lassen geboren werden. Das ständig Überwachende ist der auf dem eigenen Dasein ruhende Blick, der in den Urgrund des Motivs hineinsieht und seine weiteren Pläne begleitet. Im Wissen um das eigene Tun und Lassen keimt die Verantwortung auf, die die Beziehung zum Leben in gestaltendes Bejahen verwandelt.

„Schlechtes und unanständiges Reden vermeiden."

So manche Führungskräfte bewegen sich in ihrer Diktion am Rande des sittlich Zumutbaren. Sie geben ihrer Emotionalität durch obszöne Darstellungen Ausdruck und hoffen, das Schlüpfrige ihres „Humors" finde auch bei den Zuhörenden Anklang. Oft ignorieren solche Personen die moralische Sensibilität ihrer Gesprächspartner. Sie degradieren allerdings auch sich selbst, denn sie zeigen meist, daß sie zu anderen Gesprächsinhalten kaum befähigt sind.

Schlechtes und unanständiges Reden meint aber auch noch die direkte oder heimlich versteckte negative Rede über den Mitmenschen. So ist auch die Redewendung „einen anderen schlechtmachen" zu verstehen.

„Das viele Reden nicht lieben. Leere oder zum Lachen reizende Worte nicht reden."

Über das Gesprächsverhalten des Führenden werde ich noch an anderer Stelle dieses Buches im Zusammenhang mit der Demut schreiben. Doch das sei auch hier gesagt: Das viele Reden deutet auf eine starke Tendenz zur Selbstdarstellung hin, die dem Gesprächspartner rücksichtslos Redeanteile raubt. Die Profilneurose vieler Führungskräfte reduziert ihre Sympathiewerte bei den Geführten durch das egozentrierte Gesprächsverhalten erheblich.

In vielen Floskeln der Alltagssprache finden wir genau das Hohle, von dem Benedikt spricht. Letztlich ist darin das Desinteresse am anderen erkennbar. Sprachliche Aussagen, die einen Kommunikationspartner zum Lachen reizen (sollen), dienen mehr der Eitelkeit des Erzählenden als der humorvollen Heiterkeit.

„Nicht heilig genannt werden wollen, bevor man es ist; sondern es zuerst sein, um mit mehr Recht so genannt zu werden."

Auch diese Empfehlung Benedikts greift die menschliche Eitelkeit auf. Das Verliebtsein in die eigene Persönlichkeit verführt dazu, sich sehr bald – nach verwirklichtem Vorhaben – Prädikate zuzuerkennen, die die Mitmenschen nicht verliehen hätten. Im religiösen Leben spielen die Begriffe „heilig" und „scheinheilig" eine besondere Rolle. Meine Auffassung ist: *Ein Heiliger weiß nichts von seiner Heiligkeit.* Ob ein Mensch als Heiliger bezeichnet wird, hängt wohl zuerst von seinem Handeln für den Nächsten ab. Wer für den Nächsten handelt, vernachlässigt sich selbst. Dies aber könnte darauf hindeuten, daß ein menschlich Handelnder in sich „heil", also intakt, gefestigt, stabil ist.

Der scheinheilige Mensch dagegen betreibt seine Interaktionen spekulativ. Er erwartet, für sein Handeln gewürdigt zu werden. Sein Verhalten erscheint pharisäerhaft, geheuchelt, nicht aus seiner Identität stammend.

Ein lobsüchtiger Führender ist von Heiligkeit weit entfernt. Gewiß soll für eine Leistung auch Anerkennendes ausgesprochen sein. Jedoch möge eine Leistung nicht allein wegen der Anerkennung vollbracht werden.

„Den Streit nicht lieben."

Benedikt wendet sich gegen die Kampfdialektik. Nicht der Streit des Streitens und der persönlichen Verletzung des anderen wegen soll die Kommunikation bestimmen. Das Streiten, bei dem Herrschaft über den anderen Menschen ausgeübt wird, verstößt gegen die ethisch orientierte Dialogkultur. Das zänkische Gespräch verletzt die Würde der Partner, weil es die Zone des persönlichen Respekts durchbricht. Zahlreiche Bundestagsdebatten zeugen von einer Streitkultur, die wahrlich nicht zur Nachahmung empfohlen werden kann. Streitsucht ist „dämonisch“ (Jakobusbrief), sie hat nichts mit Weisheit gemeinsam.

„Die Überheblichkeit fliehen.“

Überheblichkeit läßt im allgemeinen auf einen gestörten Selbstwert schließen. Der überhebliche Mensch kann seine eigenen Leistungen nicht angemessen bewerten: Er schätzt sie und damit sich zu hoch ein. Die Definition seines Selbstwertes geschieht vor allem durch Leistung und durch Außenwerte. Das Überhebliche in einem Menschen deutet auf eine Kompensation seiner latenten oder gar ihm bewußten Selbstwertzweifel hin. Überhebliche Führungskräfte schaffen eine Atmosphäre der Distanz. Das persönlich Einladende ist überdeckt von der Fixierung auf sich selbst.

„Bei einem Zwist noch vor Sonnenuntergang wieder Frieden schließen.“

Nach den Empfehlungen des Epheserbriefes ist ein neues Leben in Christus auch dadurch charakterisiert, daß Menschen auf dem Weg der Jesusnachfolge sich nach Konflikten rasch wieder verzeihen.[23] Dies setzt allerdings voraus, im eigenen Herzen zuerst den Frieden hergestellt zu haben. Wer einem anderen Menschen verzeiht, zeigt durch seine Selbstüberwindung wahre sittliche Größe. Das Verzeihen ist ein tolerantes Umgehen mit Schuld, die ein Mensch zuvor bekannt hat. Auch das Bitten um Vergebung erfordert Selbstüberwindung. Es fällt schwer, weil Demut schwer zu leben ist.

3. Glauben und Führen

Unter der Schlagzeile „Götterdämmerung – Kultur und Kapital: Die Selbstmordwelle italienischer Manager“ berichtet die FAZ über den Freitod von Raul Gardini, eines „verantwortlichen Managers der Großindustrie“. Er nahm sich das Leben, weil seine Verhaftung unmittelbar bevorstand. Die FAZ weiter: „Eine soziale Revolution vollzieht sich, durchaus schmerzhaft, in einem Reinigungsritual von beängstigenden Dimensionen ... Ein paar Monate vorher war nach tagelanger Suche in der Nähe Roms Sergio Castellari tot aufgefunden worden.“[24] Diese und ähnliche Zeitungsberichte finden wir inzwischen gehäuft in der gesamten westlichen zivilisierten Wirtschaftswelt. Für die Presse wohl weniger sensationell, in ihrer Problematik jedoch ebenso bedenkenswert sind die gesundheitlichen (psychosomatischen) Zusammenbrüche einiger Politiker. In diese Überlegungen beziehe ich auch die namenlos gebliebenen Krisen von Führenden ein, die nicht an das Licht der publizistischen Neugier gezerrt wurden.

Verlieren die Führenden der Gegenwart mehr und mehr an innerer Souveränität? Ist das fassadenhafte, etikettierte Führen nun doch abgeblättert, jeglicher persönlicher Tiefen entfremdet? Es scheint so, als spiegelte die Weite exklusiver Büros die emotionale Kälte und pseudo-metaphysische Welt vieler Führender wider. Die Arbeitswelt verliert ihre greifbaren Gefühlsanteile, sie wird gespalten. Das wirtschaftlich Rationale ist zum elementaren Bestandteil des gesellschaftlichen Bewußtseins geworden. Mit ihm identifiziert sich der Führende in erheblichem Maße.

Die meisten Politiker huldigen ihrem Egoismus in nie gekannter Weise; sie sind der Fraktion und dem Wahlergebnis verpflichtet, nicht aber einem ethischen Anspruch, der sie auch einmal in die Position des „einsamen Predigers in der Wüste“ brächte.

- Den meisten Führenden in der Politik, Wirtschaft und Kirche fehlt der Mut zu einem klaren Bekenntnis, das für die Zuhörenden zu einem Identifikationsangebot werden könnte.

Ein großer Teil der Kommunikation findet im Konjunktiv statt. Mit ihrem „hätte, könnte, möchte, würde“ drücken Führende in Wahrheit ihre Konfrontationsscheu aus. Die meisten Interaktionen haben die Absicherung zum Ziel. Dies alles deutet sehr auf eine elementare kollektive Angst der Führenden hin. Diese Angst ist mit einer kaum beschreibbaren Feigheit gepaart. Oft trägt die Feigheit die Maske des Freundlichen, eines nicht näher definierbaren Grinsens. Unter kollektiver Freundlichkeit kann sich alles verbergen: Herzlichkeit, Entgegenkommen, aber auch Gemeinheit und Intrigantentum.

Wer einem anderen keine Orientierung über Auffassungen, Werte, Haltungen gibt, braucht sich nicht zu wundern, wenn sich der Suchende von ihm abwendet. Das wohl ist das Ausgezeichnete an der Regel Benedikts, daß sie in unmißverständlicher Weise darlegt, wie das Leben in der Klostergemeinschaft zu pflegen ist. Sie läßt keinen Spielraum für persönliche Interpretationen zu, denn die Wahrheit – Gott – ist nicht relativ deutbar, sondern sie ist absolut. Die Benediktregel aber will auf den Weg der Wahrheit, zum Göttlichen, führen. Sie ist deshalb eine der bedeutendsten Führungsanleitungen des Abendlandes geworden. Sie ist es auch heute noch geblieben, weil das Fundament dieses Führens der Glaube ist. Benedikt sagt:

> „Wir wollen uns also mit dem Glauben umgürten, in Treue das Gute tun und unter der Führung des Evangeliums die Wege gehen, die der Herr uns zeigt, damit wir ihn schauen dürfen, der uns in sein Reich gerufen hat.“[25]

Ich nehme diese Aussage zum Anlaß, um einige generelle Gedanken zum Thema „Glauben“ darzustellen. Was verstehen wir im religiösen Sinne unter „Glauben“? Eine Antwort kann eine Stelle des Hebräerbriefes geben. Dort heißt es:

> „Glaube aber ist: Feststehen in dem, was man erhofft, Überzeugtsein von Dingen, die man nicht sieht.“[26]

Der glaubende Mensch lebt in einer tiefen Überzeugung von der Existenz des Göttlichen. Er glaubt an das Göttliche. (Ich verwende in meinem Sprachgebrauch, wenn ich über „Gott“ spreche, bevorzugt das Wort „das Göttliche“; denn das Göttliche entspricht auch sprachlich als Neutrum dem Wesen dieser Transzendenz: nämlich „ne-utrum“ – keines von beiden, weder männlich noch weiblich zu sein. Wenn das Göttliche Geist ist, dann ist es auch nicht geschlechtsspezifisch determinierbar.)

Die Glaubenslehre vermittelt dem Menschen jene Glaubensinhalte, von denen sich sein Überzeugtsein nährt. Im Abendland wird die Gemeinschaft der Glaubenden, die die Aussagen Jesu Christi zu ihren Lebensinhalten gewählt haben, als „Christen" bezeichnet. Christ ist, wer auf den Namen Jesus Christus getauft ist und in der Nachfolge seiner Lehre lebt. Der Glaube nun kann für sich allein nicht bestehen, da er als religiöses Phänomen nicht greifbar ist. Deshalb braucht er einen Raum, in dem er sich verwirklichen kann. Dieser Raum ist das Handeln eines Menschen. Darauf weist sehr deutlich der Jakobusbrief hin:

> „Was nutzt es, meine Brüder, wenn jemand behauptet, Glauben zu haben, ohne daß er Werke hat? Kann der Glaube ihn retten? Wenn da ein Bruder oder eine Schwester keine Kleider haben und des täglichen Unterhaltes entbehren und einer von euch sagt ihnen: Geht hin in Frieden, wärmt euch und eßt euch satt – ihr gebt ihnen aber nicht, was dem Leibe not tut –, was nutzt das? So ist es auch mit dem Glauben, wenn er keine Werke hat: für sich allein ist er tot.
>
> Vielmehr wird man sagen: Du hast Glauben, und ich habe Werke. Zeige mir deinen Glauben ohne die Werke, dann will ich dir aus meinen Werken meinen Glauben zeigen ...Willst du nun aber einsehen, du hohler Mensch, daß der Glaube ohne die Werke wirkungslos ist?"[27]

Das ist wohl auch Jesu Verständnis von Glauben gewesen. Ein Glaube, der sich durch Handeln darstellt. Der glaubende Mensch drückt sich also im Handeln aus, weniger und nicht zuerst im Kultischen, wenngleich das kultische, ritualisierte Tun dem Glauben Glanz verleiht. Das Christsein ist damit an erster Stelle ein Handeln, das aus dem Glauben folgt. Dieses Handeln ist immer sittliches Handeln. Das sittliche Tun bringt für das Mitmenschliche Fruchtbares hervor. So kennzeichnet Jesus dieses Tun und den Menschen mit folgenden Worten:

> „Entweder nehmt an: Der Baum ist gut, dann ist auch seine Frucht gut. Oder nehmt an: Der Baum ist schlecht, dann ist auch seine Frucht schlecht; denn an der Frucht erkennt man den Baum. Ihr Natterngezücht! Wie könnt ihr Gutes reden, da ihr böse seid? Denn wovon das Herz voll ist, davon redet der Mund. Der gute Mensch holt aus dem guten Schatze Gutes hervor, und der böse Mensch holt aus dem bösen Schatze Böses hervor.“[28]

Der Glaube fordert also Handlungen und sittliche Haltungen ein, die als Nachweise für verwirklichten Glauben dienen. Insofern ist das sittliche Handeln eines Führenden ein Ausdruck seiner personalen Kultur, die das Sittliche als glaubensgeprägt erkennbar werden läßt. Zugleich bedeutet Führungshandeln aus dem Glauben heraus das Bekenntnis zu einem religiös orientierten Menschenbild. Damit bietet der Führende einen tiefen Einblick in seine Gefühls- und Geisteshaltung, die im Glauben an das Göttliche fundiert ist.

- Wer als Führender aus seinem Glauben handelt, ist für die Geführten auch glaubwürdiger, weil sein Glaube genießbare Früchte trägt.

Der in dieser Weise glaubwürdige Führende erhält das uneingeschränkte Vertrauen der Geführten.

Ein Führender selbst, mit dem Glauben umgürtet, empfängt aus seiner Glaubensfähigkeit lebenstragende Kraft. Die Geführten spüren auch die wesensinnere Kraftquelle, die den Führenden zu Geduld, Toleranz, Verständnis und Mitmenschlichkeit geleitet. Im übrigen kann jener Führende die Frage nach dem Sinn seines Lebens für sich selbst leichter beantworten. Er findet die Antwort in seinem Glauben. Glauben und Führen mögen in einer Welt der Rationalität wieder zu einer Sinngemeinschaft verschmelzen, damit das Menschliche im Führen eine neues Wertprofil erhält.

II. Kapitel
Führender sein

1. Führen als „Leiten von Seelen“

Die Theoretiker des Führens hätten gut daran getan, intensiv die Aussagen Benedikts zu studieren, bevor sie sich mit der Darstellung von Führungsmodellen beschäftigten. Es wäre ihnen so mancher Aspekt des Menschseins bewußter geworden, den das Theoretische nicht zugelassen hat. Denn die Benediktregel gibt eindeutige Hinweise darauf, was unter „Führen“ wirklich zu verstehen ist. Das Kapitel 2, das die „Eigenschaften des Abtes“ beschreibt, sei deshalb ausführlicher zitiert:

> „Er soll wissen, wie schwer und mühevoll die Aufgabe ist, die er übernommen hat: Seelen zu leiten und der Eigenart vieler zu dienen; bei dem einen soll er es mit liebenswürdiger Güte, bei dem anderen mit Tadel, beim dritten mit eindringlichem Zureden versuchen. Je nach Veranlagung und Fassungskraft eines jeden soll er sich an alle so anpassen und anschmiegen, daß er an der ihm anvertrauten Herde keinen Verlust zu beklagen hat, sondern im Gegenteil sich am Gedeihen der guten Herde freuen kann. Vor allem darf er nicht über das Heil der ihm anvertrauten Seelen hinwegsehen oder es geringschätzen und seine Hauptsorge den vergänglichen, irdischen und hinfälligen Dingen zuwenden. Vielmehr soll er stets daran denken, daß er die Leitung von Seelen übernommen hat, für die er einst Rechenschaft ablegen muß. Das vielleicht geringe Klostervermögen soll ihn nicht beunruhigen; er denke an das Schriftwort: Euch soll es zuerst um das Reich Gottes und seine Gerechtigkeit gehen; dann wird euch alles andere dazugegeben. Und das andere Wort: Wer den Herrn fürchtet, leidet keine Not.

> Er soll wissen: Wer die Leitung von Seelen übernimmt, muß sich zur Rechenschaft bereithalten. Er sei fest davon überzeugt: Am Tag des Gerichts muß er dem Herrn Rechenschaft ablegen über die Seelen aller Brüder, die unter seiner Leitung stehen, dazu natürlich auch über seine eigene Seele. Wenn er so immer in Furcht vor der Untersuchung lebt, die er als Hirt über die ihm anvertraute Herde zu gewärtigen hat, dann wird die Verantwortung, die er für andere trägt, ihn veranlassen, auf sich selbst achtzugeben. Und indem er durch seine Mahnungen anderen zur Besserung verhilft, läutert er sich selbst von seinen eigenen Fehlern.“[29]

Es ist auffallend, wie häufig das Wort „Seele“ und das „Leiten von Seelen“ in diesem Text anzutreffen sind. Benedikt formuliert für die Gestalt des Abtes – des bedeutendsten Leitenden im Kloster – ein Persönlichkeitsprofil, das auch für den weltlich Führenden erstrebenswert sein kann.

Dieses benediktinische Anforderungsprofil für einen Führenden ist zeitlos. Das Zeitlose liegt begründet im Verständnis des Seelischen. Und das heißt:

- „Seele“ ist der unsterbliche Teil des Menschen. Ich bezeichne sie hier auch als das Selbst oder das Höhere Selbst.

Führender zu sein verlangt nach Benedikt, eine fundamentale Beziehung zum Seelischen aufgebaut zu haben. Dies aber ist demjenigen möglich, der zu seinem eigenen Seelischen in tiefer innerer Beziehung steht. Mit diesem benediktinischen Menschenbild von einem Geführten, nämlich das Verkörperte des Seelischen zu sein, erhält das Menschsein eine neue und wertvollere Dimension.

- Das Seelische des Menschen verleiht dem Menschsein elementare Würde.

Worin besteht nun das Führen als Leiten von Seelen? Es ist wohl zuerst die Wahrnehmung des eigenen Seelischen. Die Seele, das

Selbst, bedeutet die Manifestation des Ewigen im Menschen. Dieses Ewige meint die unsterbliche geistige Individualität, die von der körperlichen Erscheinung des Menschen eingeschlossen wird. Über den Körper erhält der Mensch Zugang zu seinem eigenen Seelischen. Das Offenbarwerden der geistig individuellen Wesenheit im Leiblichen eines Menschen bietet ihm selbst die Chance, seine eigene Vorstellung von Menschsein zu erweitern. Das partielle Erspüren seiner Zugehörigkeit zu einer geistigen Existenz schafft in ihm ein neues Wertbewußtsein, das ihn während vieler Jahre seines Lebens trägt.

Das geistige Wertbewußtsein und nicht ein materiell begründeter Selbstwert bestimmt elementar das Lebensgefühl eines solchen Menschen. Dieser Wert überdauert alles Vergängliche, weil er selbst dem Vergänglichen nicht angehört. Das Wissen um die Unvergänglichkeit der eigenen Existenz läßt den Glauben zur Gewißheit werden.

- Der menschliche Glaube wird durch die Gewißheit vollendet. Gewißheit bedeutet das sichere internalisierte Wissen um die Richtigkeit des Geglaubten.

Das Seelische also erzeugt im Menschen den Glauben an sich selbst. Wir können auch sagen: den Glauben an sein innewohnendes Selbst. Das innere Gefestigtsein trägt nun wesentlich zur Gestaltung der Interaktionen des Führenden mit den Geführten bei. Das Leiten von Seelen wird zur seelischen Begleitung. Die bisher publizierten Definitionen von „Führen“ sind durch die Egozentrizität der Führenden oder ihrer Zielsetzungen charakterisiert. Es geht dabei – wie etwa beim diktatorischen Führungsstil – um die Alleininteressen des Diktators, der die Erwartungen, Bedürfnisse und Wertbeziehungen der Geführten nicht berücksichtigt. Beim autoritären Führungsstil regiert das Grundmuster von Befehl und Gehorsam. Wir finden es im militärischen Leben. Der bürokratische Führungsstil versachlicht das Zwischenmenschliche und würdigt die Instanz mehr als den personalen Bezug. Im kooperativen Führen steht die Gruppe im Mittelpunkt des Entscheidungsgeschehens. Die Wertschätzung des einzelnen ist sekundär. Der patriarchalische Stil des Führens schreibt den Geführten weitgehend Unmündigkeit zu und orientiert sich an einem vermeintlich „weisen und alterfahrenen“ Vaterbild. Auch der liberale Führungsstil führt nicht genügend individuell, weil er den Geführten Freiräume für ihr Handeln gestattet, die zu Desorientierungen führen können.

In diesem Sinne ist „Führen“ oft verstanden worden als ein Handeln, durch das Menschen bewogen werden, Entscheidungen zu fällen, Ziele zu erreichen oder Verhaltensweisen zu verändern, die diesem Vorgegebenen dienlich sind. Diese Überlegungen zum Thema „Führen“ berücksichtigen zu wenig den Aspekt des Seelischen im Geführten. Wohl deshalb, weil egozentriert Führenden der Prozeß ihrer eigenen Reifung beim Führen kaum bewußt ist. Dies wiederum ist deshalb so, weil egozentriertes Führen eben das Ich in den Mittelpunkt des Interaktionsgeschehens rückt, nicht aber das Seelische, das Selbstische im Sinne des überzeitlich Gültigen.

- Wo das Ich im Mittelpunkt steht, kann sich das Selbst nicht entfalten.

Führen als Leiten von Seelen meint aber die geistige Begleitung des Geführten durch den Führenden. Sie setzt eine Bewußtheit des Seelischen im Führenden voraus.

Im benediktinischen Sinne des Leitens von Seelen möge also der Führende begreifen, daß Führen ein Einflußnehmen auf das seelische Entwickeln des Geführten bedeutet. Dies gelingt erst, nachdem dem Führenden selbst sein seelisch-geistiger Auftrag bewußt geworden ist. Der seelisch Führende geht dem Geführten entgegen. Im zweiten Vers des 2. Kapitels setzt Benedikt die Prämisse für das Grundverständnis dieses Führens fest, indem er über den Abt sagt:

> „Der fromme Glaube sieht in ihm ja den Stellvertreter Christi im Kloster.“[30]

Nicht anders als ein Handeln im Namen Christi ist daher die schon einmal zitierte Aussage zu verstehen, daß sich der Abt je nach Veranlagung und Fassungskraft eines jeden an alle so anpassen und anschmiegen solle, daß er an der ihm anvertrauten Herde keinen Verlust zu beklagen habe. „Vor allem darf er nicht über das Heil der ihm anvertrauten Seelen hinwegsehen oder es geringschätzen ..." Das Führungsverständnis Benedikts ist deutlich auf die Rechtfertigung des Vertrauens ausgerichtet, das der Führende von den Geführten erhält. Weil der Führende – der Abt – im Auftrag Christi handelt, deshalb kommt er den Geführten entgegen, um das ihm Anvertraute zu pflegen.

- Führen als Leiten von Seelen heißt hier also letztlich: Den seelischen Wert in der Persönlichkeit des Geführten zu erkennen; das dem Führenden anvertraute seelische Gut zu weiterer Entfaltung zu führen durch die Einhaltung der Ordensregel; für das Seelische des Geführten die Verantwortung zu übernehmen.

Aus diesem Führungsbegreifen heraus wird verständlich, daß sich Führen in der Gegenwart noch mehr zu einem metaphysischen Handeln ausweiten muß, wenn es der seelischen Würde der Geführten gerecht werden will. Dauerhaft aber wird sich daraus eine sittliche Leistungsbereitschaft entwickeln, die keiner zusätzlichen technischen Motivationsimpulse bedarf.

2. Verantwortung zeigen

Führungshandeln ist ohne ein Gefühl der Verantwortung nicht menschlich. Nach Hans Jonas ist „das Kind Urgegenstand der Verantwortung". Damit hat das Menschliche im Verantworten ein Urbild erhalten. Im Kapitel „Das elementare Soll im Ist des Neugeborenen" sagt er:

> „... kehren wir noch einmal zum zeitlosen Urbild aller Verantwortung zurück, der elterlichen für das Kind ... das

> Neugeborene, dessen bloßes Atmen unwidersprechlich ein Soll an die Umwelt richtet, nämlich: sich seiner anzunehmen."[31]

Verantwortung meint stets eine Urbeziehung zum Menschsein und seiner Handlungswelt. Gewiß gibt es auch eine Verantwortung für das Gegenständliche. Dennoch ist auch mit dem Gegenständlichen das Tun verbunden. Die Verantwortung dem Sachlichen gegenüber soll uns später noch ein wenig beschäftigen.

Zunächst sei der „archetypische Wert" des Wortes „Verantwortung" betrachtet. In der mittelhochdeutschen Zeit trug das Verb „verantwürten" die Bedeutung „antworten"; später „vor Gericht antworten" und danach „für etwas einstehen, etwas vertreten". Im 15. Jahrhundert ist mit dem Substantiv „Verantwortung" jene Haltung gemeint, in der ein Mensch die Verpflichtung eingeht, für etwas einzutreten und die Folgen zu tragen. Für das heutige Begriffsverständnis von „Verantworten" ist damit eine entscheidende sittliche Grundlage geschaffen.

Auch ich knüpfe mit meiner Begriffsvorstellung von „Verantwortung" an das Gesagte an. Ein Mensch, der Verantwortung übernimmt, „antwortet" durch diese Haltung auf die Herausforderungen des Lebens. Für sich selbst, für jemanden oder etwas verantwortlich zu sein, das heißt, sich von den Anforderungen des Lebens anprechen zu lassen. Im Verantworten gibt der Verantwortende eine positive Antwort auf die Ansprache des Lebens an ihn. Er nimmt die Zeichen des Lebens wahr und ignoriert sie nicht.

- Verantwortung bedeutet also zunächst ein Antwortgeben auf Fragen, die das Leben an den einzelnen richtet. Dies setzt ein hohes Maß an Aufmerksamkeit voraus, um für die Aufforderungen des Lebens empfindsam zu werden.

Ein Mensch, der Verantwortung übernimmt, sieht in seiner privaten oder beruflichen Erlebniswelt die Chance, an den Angeboten des Lebens in seiner Persönlichkeit zu wachsen. So bezeichnen wir einen

Menschen als seelisch reif oder charakterlich gefestigt, wenn er bereit ist, für sein eigenes Handeln die Verantwortung zu tragen. Ein elementares Ziel erzieherischer Begleitung ist es daher, die Heranwachsenden zur Verantwortung für ihr Handeln anzuleiten. Das Verantwortlichsein wird daran erkennbar, daß ein Mensch schließlich mit seinem gesamten geistigen und psychischen Habitus für sein Handeln einsteht. Dieses Bekenntnis zum eigenen Tun bezieht sich vor allem auf die Folgen seines Handelns.

- Deshalb meint Verantwortung in ihrer ethischen Dimension: das Einstehen eines Menschen zu den Konsequenzen, die sich aus seinen Entscheidungen ergeben können.

Auch wenn Verantwortung in unserem gesellschaftlichen Leben oftmals institutionalisiert ist (zum Beispiel Polizei, Bundeswehr, Krankenhaus), entbindet sie den individuell Handelnden nicht von der sittlichen Verpflichtung, die Absichten und Ergebnisse seines Tuns zu verantworten. Die Gewissensbildung eines Menschen prägt seine sittliche Persönlichkeit in dieser Hinsicht. Somit ist das Übernehmen von Verantwortung ein Ausdruck von Pflichtgefühl des Verantwortenden.

Das Gefühl für Verantwortung ist kollektiv, also die ganze Gesellschaft betreffend, notwendig. Ohne das Bereitsein, Verantwortung zu übernehmen, kann es keine gesellschaftliche Weiterentwicklung geben, weil eine gesellschaftliche Entwicklung die Identifikation des einzelnen mit ihren Anliegen einfordert. Dort, wo sich Führende situativ diesem Einfordern verweigern, produzieren sie durch ihre Haltungen soziale Konflikte. Ein Politiker, der die Verantwortung für ein Projekt seines Wahlkreises übernommen hat, dieses Projekt aber nur oberflächlich betreut, so daß es schließlich scheitert, zieht sich den Zorn seiner Wähler zu und wird möglicherweise durch Nichtgewähltwerden künftig bestraft. Verantwortung verlangt Kontinuität, in der sie sich als ein elementares Merkmal sittlicher Qualität des Führenden beweisen kann.

Die Führungsqualität des Benediktinischen nun sieht den Abt als Träger von Verantwortung mit einem besonderen Anspruch. So zählt zu den Eigenschaften des Abtes auch folgendes:

> „Der Abt muß wissen: Für jeden Verlust, den der Hausherr bei seinen Schafen feststellt, trifft den Hirten die Verantwortung ... Wenn er so immer in Furcht vor der Untersuchung lebt, die er als Hirt über die ihm anvertraute Herde zu gewärtigen hat, dann wird die Verantwortung, die er für andere trägt, ihn veranlassen, auf sich selbst achtzugeben."[32]

Ein Zweifaches wohnt dem Phänomen Verantwortung inne:

- die Sorge um das Mitmenschliche
- das persönliche Reifen durch Verantwortung

Wie sind diese Qualitäten zu verstehen?

Die Sorge um das Mitmenschliche

Ich greife den Gedanken von Hans Jonas auf, der die Primärverantwortung in der Eltern-Kind-Beziehung sieht. Hier erhält Verantworten den Aspekt der Sorge, des Besorgtseins für einen anderen Menschen. Die Sorge um das Mitmenschliche ist somit ein elementares soziales Prinzip. Dies gilt jedoch nicht nur für Eltern. Der Führende – von Benedikt nach dem Bild des Neuen Testamentes als „Hirte" bezeichnet – sorgt sich um die körperliche und geistige Existenz des Geführten. Der Hirte hat den Verlust eines jeden Schafes zu verantworten.

- Die soziale Identifikation ist notwendig, um das Mitmenschliche vor einem Verlust zu bewahren.

Im tieferen Verständnis von Menschsein jedoch wartet das Seelische, um aus seiner Verborgenheit herausgeführt zu werden. Der Führende, der das Leiten von Seelen so begreift, sorgt auch für das seelische Heil der Geführten; denn der schwerste Verlust, den er zu beklagen hätte, wäre die Entpersönlichung des Geführten. In der praktischen Führungsarbeit der heutigen Wirtschaftswelt erhält ein solches Besorgtsein noch wenig Raum. Zu wenig Gespräche finden statt, die sich auch einmal um die geistigen Quellen des Führens rankten.

- In den Führungsgesprächen der Gegenwart ist die Reflexion über das Geistige verkümmert. Wie soll sich ein Führender in dieser Weise um Geführte sorgen, wenn er selbst weitgehend „geist-los“ lebt?

Die Verantwortung für das seelische Heil der Geführten ist es letztlich, die einen geistigen Tod zu verhindern hilft. Auch den geistigen Tod einer Gesellschaft! Kehren wir zur Eltern-Kind-Beziehung zurück, so dürfen wir auch die Bezugspersonen eines Heranwachsenden nicht von der Sorge für das geistig-seelische Wachstum entbinden. Gäbe es in unserer Zeit ein neues Begreifen des Geistigen, so würde das Mitmenschliche weniger Schaden leiden.

- Vielen Eltern-Kind-Beziehungen fehlt eine geistige Gemeinsamkeit. Auch das Geistige vermag dauerhaft zu binden. Fehlt das geistig Gemeinsame, so entfremdet sich allmählich das Zwischenmenschliche.

Ich habe bei diesen Überlegungen das Emotionale nicht vergessen. Verantwortung für das Mitmenschliche kann dort gedeihen, wo sich die Mitglieder einer Familie in emotionalem Wohlwollen begegnen. Weil Kinder ihre Eltern und Geschwister von Herzen mögen, fühlen sie sich immer wieder zu ihnen hingezogen, wachsen sie in ihrer Bindungsfähigkeit.

- Das positiv emotional Erlebte ist für ein Kind das wertbesetzte Gut.

So wird es auch den positiv erlebten Sozialverband Familie in sein Verantwortungsgefühl einbeziehen. Dadurch übt es eine Lebenshaltung ein, die sich, von Verantwortung begleitet, den offenen Blick für das Helfende bewahrt hat.

Das persönliche Reifen durch Verantwortung

Benedikt weiß um die menschliche Unzulänglichkeit des Führenden (des Abtes). Gerade deshalb ist wohl auch jener als Abt besonders geeignet, der sein unvollkommenes Menschsein akzeptiert und Schritt für Schritt Selbstkorrekturen vornimmt. Auch die Verantwortung kann sich diesem korrigierenden Reifen nicht entziehen.

- Wer Verantwortung übernimmt, entwickelt zu seinem verantworteten Inhalt eine sittliche Beziehung. Er erlebt das Geschehen verantwortungsbewußt.

Das ist so gemeint: Die sittliche Beziehung zu etwas Verantwortetem entsteht durch das Erwachen der Pflicht im Verantwortenden. „Pflicht" heißt das Bewußtsein, sich selbst oder einem anderen Menschen die Erledigung einer Aufgabe versprochen zu haben. Diese Aufgabe mag bereits mit der körperlichen Anwesenheit beginnen. Für jemanden einfach da zu sein, das kann bereits die Erfüllung einer elementaren Pflicht bedeuten. (In manchen Tätigkeiten wird sogar von einer „Präsenzpflicht" gesprochen.) Mit Pflicht ist ein Gefühl der Verbindlichkeit gemeint, so zu handeln, wie es der sittliche Wille des Handelnden fordert. Das Verpflichtende ist ein Sollen, dem sich das eigene Wollen verbunden, ja zu dem es sich hingezogen fühlt.

Dieses Verhalten wird in allen wirklichen emotionalen Beziehungen im Zwischenmenschlichen deutlich. Eine Partnerbeziehung, von der Liebe zwischen Mann und Frau geprägt, wird von der Verpflichtung füreinander zu Kontinuität getragen. Ebenso werden Kinder aus einem Gefühl des Verbundenseins für ihre Eltern gern und freiwillig manche Aufgabe erledigen. Dies gilt wohl besonders für das fortgeschrittene Alter der Eltern. Aber auch der religiös fundierte Mensch, der Glaubende, wird sich aus einer inneren Herzensbindung zum Göttlichen heraus verpflichtet fühlen, tägliche Gebete zu verrichten. Der Führende schließlich in der Wirtschaft und Politik handelt „pflichtbewußt", weil er sich selbst auf Grund seiner Gewissensbildung den Auftrag dazu erteilt hat oder weil er von Geführten (von

Wählern) dazu beauftragt wurde. Was wir auch betrachten mögen, das Verwobensein von Pflicht und Verantwortung wird stets als das bedeutendste ethische Prädikat herausragen. So bestätigt sich die psychologische Beobachtung Benedikts, daß derjenige, der Verantwortung übernommen hat, durch diese sittliche Verpflichtung veranlaßt wird, sich selbst oft genug zu beobachten und hinreichend selbstkritische Positionen einzunehmen. Aus dieser selbstbeobachtenden Haltung erwächst ein Persönlichkeitsprofil des Führenden, das für Geführte beispielgebend wirkt. Damit ist der Grundstein für weitere Identifikationen gelegt.

3. Beispiel geben

Führender zu sein ist vor allem dann problematisch, wenn das Verkündete nicht mit dem Gelebten identisch ist. Das scheint wohl ein menschliches Urdilemma zu sein, denn Benedikt sieht es als ein weiteres Postulat für den Führenden an, dieser Diskrepanz durch eine deutliche Ermahnung abzuhelfen. Er sagt:

> „Wer also den Namen ‚Abt‘ annimmt, muß seinen Jüngern in doppelter Weise als Lehrer vorstehen: Er zeige mehr durch sein Beispiel als durch Worte, was gut und heilig ist; den gelehrigen Jüngern lege er die Gebote Gottes mit Worten dar, den Harten und Einfältigeren aber veranschauliche er den Willen Gottes durch sein Beispiel.
>
> Wenn er in der Belehrung seine Jünger darauf hinweist, daß etwas mit dem klösterlichen Leben unvereinbar ist, dann soll er immer auch durch sein Beispiel zeigen, daß man es nicht tun darf. Sonst könnte es sein, daß er anderen predigt, selbst aber verworfen wird. Gott könnte ihm, wenn er sündigt, einmal sagen: … Du siehst im Auge deines Bruders den Splitter, aber den Balken in deinem Auge beachtest du nicht.“[33]

Benedikt weiß, daß das Konkrete, das Beispielhafte den ganzen Menschen erreicht. Alles Theoretische, Intellektuelle spricht nur den Gelehrten im Menschen an. Das Erlebbare aber vermag in das Wesensinnere einzudringen und sich dort zu etwas Bildhaftem zu formen. So verknüpft er auch das Beispielhafte mit dem Persönlichkeitsbild des Führenden.

- Das Beispielhafte im Führen bildet die Grundlage für Identifikationen.

Wenn wir das Begriffsverständnis von „Beispiel" erweitern, so verlassen wir die Ebene des Methodischen, nach der ein Beispiel dazu dient, etwas Abstraktes zu veranschaulichen. Die benediktinische Intention spricht vielmehr den höchsten Wert des Beispielgebens an: das Vorbild. Mit „Vorbild" ist das Ethische des Beispielhaften gemeint, gleichsam das verkörperte moralische Gebilde von Menschsein. Im Vor-Bild ist schon vorgeprägt, was der Suchende oder der Geführte an erstrebenswertem Menschsein zu erfahren wünscht.

Das Vorbild ist nicht immer sofort real. Oft ist es nur ein vorgestelltes Bild, das vielleicht in Lebensnahes verwandelt wird. Es baut sich erst im phantasiegefüllten Vorstellungsraum eines Menschen auf. Lange verbleibt es dort, um die gedankliche Eigenwelt zu beleben. Das Vorbildliche ist das im Phantasieraum Vorgebildete. Noch bevor es zum real Sichtbaren wird, wirkt es schon im Menschen. Es bindet seine gedankliche Welt an Vorgestelltes, auch wenn es noch lebensfern ist. Das Unwirkliche, das in der Wirklichkeit noch nicht Abgebildete, wird zu einem inneren Wert für den Menschen. Vielleicht gerade deshalb, weil es von der Wirklichkeit entfernt ist, sie noch idealisiert. In diesem Stadium der selbstgestalteten Phantasie ist das Vorbild noch erträglich. Es muß sich ja auch der Vorstellungsmacht des einzelnen unterwerfen. Strenger Wille und sanfte Freizügigkeit haben das Vorgestellte zwischen sich genommen und reißen es hin und her. Im inneren Kampf des Menschen zwischen dem Verbotenen und dem Gewünschten schwankt das Vorgestellte und wartet auf sein existentielles Urteil. Wenn das Verbotene siegt, wird das Vorgestellte allmählich verdrängt, aus der Phantasie hinausgeschoben. Wird das Gewünschte verstärkt, erhält es einen Lebensraum in der Realität. Das Vorbild wird lebendiger Lebensbezug.

Gehen wir wieder zum beispielhaft Vorbildlichen des Führenden zurück. In einer früheren Definition von „Führen" habe ich geschrieben, Führen sei auch ein Einflußnehmen durch Identifikationsangebote.[34] Ich bezeichne dies als „unbewußtes Führen". Dies ist noch immer die weitaus häufigste Form des Führens. Um mit Benedikt zu sprechen:

- Das gelebte Beispiel ist die überzeugendste Form des Einflußnehmens auf Geführte.

Das gelebte Beispiel ist ein Ausdruck der internalisierten Normen eines Menschen. Das Internalisierte drückt die innere Übereinstimmung mit dem sittlich Gewollten aus.

Wer wird nun für einen Geführten zu einem Vorbild? Es ist stets derjenige, der die Normen am besten erfüllt. So jedenfalls läßt es uns Benedikt wissen; denn der Abt zeige durch sein Beispiel, was „gut und heilig ist", nicht durch Worte. Durch ein Beispiel zu zeigen heißt danach, das Normative zu verkörpern. Der vorbildliche Mensch lebt durch Handeln inhaltlich vor, was theoretisch in der Führungsleitlinie (der Ordensregel) von ihm verlangt wird. Das Beispielgebende ist die Konsequenz in der Einhaltung von Prinzipien, seien es nun allgemeine Lebensprinzipien oder Führungsprinzipien einer wirtschaftlichen, politischen oder konfessionellen Institution. Das Beispiel wird zum Verbindenden zwischen dem Geführten und dem ethischen Postulat des Führenden. Er verliert auch wenig Worte über seinen Lebensstil. Das, was er lebt, ist originär mit seiner Persönlichkeit verbunden, so daß kein Zweifel an der Echtheit des Gelebten aufkommt. Die schon einmal in diesem Buch dargelegten Aspekte über das Normative tauchen hier als sinntragende Impulse für die Lebensgestaltung des Führenden wieder auf. Durch sein Handeln, aber auch durch das Unterlassen erscheint der Führende in das Glaubwürdige seiner Ausstrahlung eingebettet. Um als beispielhaft oder vorbildlich zu gelten, ist auch ein hinreichendes Maß an Selbsterkenntnis vonnöten. „Selbsterkenntnis“ meint stets, sich selbst so zu erkennen, wie ein Mensch in Realität ist. Das ist nicht immer leicht, weil unser Psychisches manche Abwehrhaltung aufbaut, um uns den Blick in die eigene Unzulänglichkeit zu ersparen. Viele unserer Schwächen werden getarnt, rationalisiert, verdrängt oder überkompensiert. Selbsterkenntnis jedoch ist die unbedingte Voraussetzung, um einer Lebenslüge entgegenzuwirken. Denn die Lebenslüge verschiebt die realistische Selbstwahrnehmung und breitet manches rosarote Tuch über die Beziehung zu sich selbst.

- Wer sich der Selbsterkenntnis verweigert, kann aus dem Schatten seiner Lebenslüge nicht heraustreten. Die Lebenslüge mindert die Führungsqualität erheblich.

Beispiel zu geben bedeutet auch, zurückhaltend im Urteilen zu sein. So greift Benedikt auch die Warnung Jesu aus der Bergpredigt auf, nach der es verwerflich ist, über andere Menschen zu richten:

> „Richtet nicht, damit ihr nicht gerichtet werdet … Was siehst du aber den Splitter im Auge deines Bruders, doch den Balken in deinem Auge nimmst du nicht wahr?“[35]

Es ist wohl ein sehr bedenkliches Merkmal einer profan manipulativen Dialogkultur, sich über den anderen abwertend zu äußern, selbst aber dem sittlichen Anspruch in keiner Weise gerecht zu werden. Das Vorbildliche einer ethisch orientierten Gesprächshaltung dagegen beruht auf angemessenen Aussagen, die das Verhalten des Partners meinen. Niemals darf aber die Persönlichkeit des Mitmenschen in Frage gestellt werden.

4. Die Interaktionsweise

Die personale Kultur eines Führenden wird ganz besonders an seinem kommunikativen Erscheinungsbild erkennbar. Das Dialogische vor allem legt jenes interaktive Fundament, auf dem Vertrauen und

Glaubwürdigkeit gedeihen können. Letztlich sind sie es, die eine harmonische Atmosphäre in der Führungsbeziehung hervorbringen. Doch das Konstruktive einer Führungskultur zeichnet sich dadurch aus, daß der Führende es vermag, auf die Geführten individuell einzugehen. In der Benediktregel ist dies so ausgedrückt:

> „Als Lehrer halte sich der Abt immer an das Beispiel des Apostels: Weise zurecht, ermutige, tadle! Das heißt: Je nach Zeit und Umständen verbinde er mit der Strenge die Milde; er zeige bald den Ernst des Meisters, bald die Güte des Vaters. Die Ungezogenen und Unruhigen soll er sehr hart zurechtweisen, die Gehorsamen, Friedlichen und Willigen aber zu weiterem Fortschritt ermutigen ... bei dem einen soll er es mit liebenswürdiger Güte, bei dem anderen mit Tadel, beim dritten mit eindringlichem Zureden versuchen."[36]

Drei Grundmuster sind es, die Benedikt als Orientierung für Seelenführer empfiehlt:

- den gütigen, milden Umgang
- den ermutigenden Umgang
- den tadelnden Umgang

Da diese Interaktionsweisen bis heute gültig sind, sollen sie etwas näher betrachtet sein.

Es sei in Erinnerung gebracht, daß benediktinische Führungskultur immer das Leiten von Seelen meint. Seelen zu lenken ist eine hohe Kunst der Menschenführung, weil sie die Individualität des Geführten vorbehaltlos berücksichtigt. Dieses Führen will das seelische Hinreifen des Geführten nach dem Willen des Göttlichen formen.

Der gütige, milde Umgang

Eine der elementaren Aufgaben in unserem Leben besteht darin, an unseren zwischenmenschlichen Beziehungen selbst zu reifen. Dazu gehört auch, die Bedürfnisse und Erwartungen des Mitmenschen zu erkennen und angemessen auf ihn einzugehen. Führen ist ja immer auch mit Handeln verbunden. Einem Handeln, das nach Benedikt dem inneren Wachsen des Geführten dient. Einer der Wege, den Umgang mit dem anderen zu pflegen, ist die gütige und milde Begegnung. Was ist damit gemeint?

„Güte" beschreibt eine wohlwollende Nachsicht mit dem anderen Menschen. Als sittliche Haltung spricht aus dem gütigen Menschen selbst das Gütige, das Freundliche, das Ausgewogene seines Wesens. Gütig zu sein heißt auch, ein verzeihendes, nachsichtiges Verstehen zu zeigen, von dem sich der Angesprochene umhüllt fühlt.

- Das gütige Eingehen auf einen Menschen ist wie die Berührung seines Seelengrundes.

Güte drückt aber auch die Wertschätzung gegenüber dem Mitmenschen aus. Das Mitmenschliche wird als ein Gut gesehen, das es verdient, mit Behutsamkeit und Zartheit berührt zu werden. So sagt es auch das christliche Prinzip, im Nächsten den Bruder zu erkennen.

Der Eigenschaft des Milden wohnt das Zarte, Feine, Zerriebene, aller Schärfe entwöhnte Wesen inne. Ein Hinweis also auf die innere Gelöstheit des Führenden, der aus einem solchen Seelenzustand heraus Milde walten lassen kann. Der Führende nimmt jedoch auch Rücksicht auf die Wesenszartheit des Geführten. In seiner tiefen Empfindsamkeit würde er wohl wie ein Schilfrohr einknicken, wenn ihm der kalte und strenge Wind einer rücksichtslosen Ansprache entgegenwehte. Das Zarte nimmt Rücksicht auf die Zerbrechlichkeit im Wesensinneren des Geführten. Güte und Milde zerstören die Persönlichkeit des anderen nicht, weil ihre Wesensimmanenz dies nicht zuläßt.

Der ermutigende Umgang

Einem Menschen Mut zuzusprechen, das heißt, ihn in seinem Gemüt zu bewegen. Das Ermutigende, wenn es denn wahrhaftig gemeint ist, bahnt den Weg für eine neue Betrachtung des Lebens. Ein Mensch, der ermutigt wurde, hat Mut zu etwas. Das kennzeichnet den Mut auch als etwas Ausgreifendes und Ergreifendes. Das Unbefangene des Mutigen springt ungebrochen aus einem vitalen Lebensgrund hervor und reißt manch Zögerndes mit sich zu einem hoffnungsvollen Aufbruch.

Ermutigendes will auch überwinden. Nämlich: Mut- und Lustlosigkeit, seelische Ermattung und Verzagtsein. Der Ermutigende öffnet seine eigene Kraftquelle für den mutlosen Menschen und überreicht ihm gleichsam ein Stück des Anteils am Leben. Im ermutigenden Zuspruch liegt das existentiell Bejahende, das den Menschen an seine Lebensaufgabe erinnert. Mut und Wagnis bilden einen heilenden Dualismus. Das Wagnis, das für die Hoffnung einen Raum geschaffen hat und Vertrauen in das Eigenmutige aufkeimen läßt. Im Wagnis selbst lebt der Mut, das Riskante zu unternehmen, auch wenn der Ausgang ungewiß ist. Im wirtschaftlichen und politischen Leben sollte das Ermutigen wieder zu einer tragenden Säule öffentlichen Handelns werden.

Der tadelnde Umgang

In jeder menschlichen Gemeinschaft kommt es gelegentlich zu einer Kollision von Normen. Dabei prallen Sollen und Wollen, Pflicht und Neigung, Erlaubtes und Unerlaubtes aufeinander. Der Führende, meistens der Repräsentant des Normativen, sieht sich hin und wieder auch Persönlichkeiten gegenüber, die den Prozeß der Normenakzeptanz noch nicht bewältigt haben. Es fehlt diesen Menschen noch an Einsicht in ihre Persönlichkeit und in die Notwendigkeit der Normen.

Mit einem „Tadel" ist das Aussprechen des Mißfallens gemeint, das sich auf ein Fehlverhalten des Getadelten hinsichtlich einer Aufgabe oder eines sozialen Kontaktes bezieht.

Das Tadeln eines Geführten erscheint sinnvoll, wenn andere Wege sorgfältiger Beschäftigung mit dem Uneinsichtigen noch nicht zum Ziel geführt haben. Ich gehe davon aus, daß ein Tadel ausschließlich unter vier Augen ausgesprochen wird. Das Tadeln ist vor allem ein bewußtes kritisches Ansprechen von Korrigierbarem. In diesem Bewußtmachen liegt auch seine therapeutische Funktion. Der Tadel als kommunikativer Akt soll ein Öffnen des Getadelten bewirken, damit ein Austausch zwischen Erklären und Korrigieren geschehen kann.

Der Tadelnde sei dennoch an seine sittliche Intention erinnert, bei aller Offenheit im Zwischenmenschlichen niemals die persönliche Existenz des Partners anzuzweifeln. Der Tadel muß, um seine Wirkung nicht zu verfehlen, das Mißbilligen eindringlich verbalisieren. Er darf aber das ihm letztlich Zugewiesene nicht durch die Dominanz von Wut oder Macht ersticken: nämlich eine Anleitung zu Selbsterkenntnis und Selbstkorrektur zu geben.

III. Kapitel
Über angewandte Sittlichkeit

1. Allgemeines zur Sittlichkeit

Über das Sittliche heute zu schreiben oder zu sprechen, das weckt bei vielen Zeitgenossen den Verdacht, als Tugendlehrer oder moralischer Besserwisser auftreten zu wollen. Möglicherweise wird bei vielen Führenden länger Verdrängtes ins Bewußtsein gerufen, das sie abwehrend oder gar aggressiv reagieren läßt. Und dennoch fällt es auf, daß sich manche politischen Kreise und viele Wirtschaftsunternehmen um das Thema „Ethik“ bemühen. Dürfen wir da vielleicht Schuldgefühle vermuten, das Sittliche im Führen bisher vernachlässigt zu haben? Oder soll bereits die Beschäftigung mit dem Ethischen ein Nachweis für moralisches Handeln sein? In Zeiten sittlicher Defizite wird zumindest das Scheinbare institutionalisiert, als könnte dadurch die moralische Glaubwürdigkeit gesichert werden.

In der Benediktregel begegnen wir einem Dokument christlicher Sittlichkeit, das nun schon 1500 Jahre hindurch Werte vermittelt, die für manchen Suchenden zur Lebenshilfe geworden sind. Das Benediktinische ist vor allem der Ausdruck eines Tatchristentums, das menschliches Zusammensein zu verändern vermag. Gewiß spielt auch das Kultische im Leben der Klostergemeinschaft eine bedeutende Rolle. Doch davon wird der Führende heute nur bedingt berührt. Im übrigen soll das Kultische in einem späteren Kapitel angesprochen sein.

Das Christliche aber fordert sittliche Handlungen ein, die der von Jesus gestifteten Religion Glaubwürdigkeit verleihen. Das klösterliche Leben ist ein Ausdruck dieser tätigen Christlichkeit. An ihrem Tun läßt sich messen, was sie an Sittlichem verwirklicht.

Die Regel Benedikts ist eine Anleitung zur Sittlichkeit im Geiste Jesu Christi. „Sittlichkeit“ meint hier die Grundausrichtung eines Verhaltens und Handelns nach den im Christentum gültigen Normen. Normen sind hier die Elemente des christlich gebildeten Gewissens. Sie bezeichnen das für ein Handeln Gültige. Sie bilden den Maßstab für das sittliche Handeln eines Menschen. Das Gewissen ist jene Instanz der Persönlichkeit, in der diese Normen verankert sind; nach ihnen richtet der sittlich Handelnde sein Tun aus. Somit handelt ein Mensch sittlich gut, wenn er den Normen seines so gebildeten Gewissens folgt. Er handelt unsittlich, wenn er gegen die Normen seines Gewissens verstößt.

Das sittlich Taugliche wird „Tugend" genannt. Wenn auch dieser Begriff im Sprachgebrauch der Gegenwart mehr und mehr fragwürdig erscheint, so hat er doch von seinem ethischen Innenwert nichts verloren. Ich halte es für sehr notwendig, das Tugendhafte im kollektiven Bewußtsein unserer Gesellschaft wieder zu beleben. Mit deutlich spürbarem Schamgefühl frage ich manchmal Führungskräfte meiner Seminargruppen nach dem Wort „Tugend"; meistens erhalte ich ein leicht verschmitztes, etwas spöttisches Lächeln als Antwort, als könne diese Frage heute wohl nicht mehr im Ernst gestellt worden sein.

Die Tugendhaftigkeit als sittliches Merkmal bescheinigt einem Menschen einen korrekten Lebenswandel. Tugendhaft ist derjenige, der sich an die geltenden sittlichen Normen hält, nicht gegen die Sittengebote verstößt. Zumindest ist kein Verstoß für die Mitwelt erkennbar. Und dieses Kriterium, die Mitmenschen über das Tugendhafte entscheiden zu lassen, trägt in den Begriff der „Tugend" etwas Zwiespältiges hinein. Es könnte bei der Bewertung von etwas Tugendhaftem allzu leicht das Vordergründige als Beobachtungsgrundlage herangezogen werden. Das Pseudo-Tugendhafte, das mehr der Scheinheiligkeit nahesteht, dem Pharisäischen, das alle Normen erfüllt und keinen Anlaß zu Beanstandungen gibt.

Ein solcher Mensch, zwanghaft darauf bedacht, die Tugendnormen zu erfüllen, wird meist von Ängstlichkeit bedrängt, von etwas Zaghaftem gehemmt, was seine Zivilcourage in den ersten Anläufen wieder versickern läßt. Solche Führende haben es schwer, glaubwürdig Dynamik und wirkliche Lebensnähe vorzuleben. Das Pseudo-Tugendhafte, das eingeübte Tugendsein, verführt einen Menschen leicht dazu, sich ein solches Verhalten als sittliches Verdienst zuzuschreiben. So kann es geschehen, daß sich ein sittlich Übender selbst für tugendhaft hält. Das ist höchst bedenklich, weil er in dieser Selbstbewertung einem gestörten Realitätsbezug zum Opfer fallen könnte.

Krishnamurti sagt über die Tugend u.a. folgendes:

> „Tugend kann nicht geübt werden. Tugend, die aus einer ständigen Übung entsteht, ist keine Tugend. Demut übt keine Demut. Liebe sagt nicht: ‚Ich muß lieben.' In dem Augenblick, da man gewahr ist, daß man tugendhaft ist, wird die Tugend zerstört. Tugend entsteht ohne Disziplin, ohne Anstrengung, ohne Nachahmung, ohne Übung, wenn wir nichts mehr ansammeln, sondern nur noch lernen."[37]

Das Wesen der Tugend drückt Eisler in folgenden Worten aus: „Tugend ist die konstante Richtung des Willens auf das Sittlich-Gute."[38] Dieser Tugendbegriff rückt die Kontinuität der sittlichen Zielsetzung in die Wesenmitte auch des tugendhaften Menschen. Tugend ist damit eine bleibende sittliche Richtung des menschlichen Wollens. Wenn das Tugendhafte in die menschliche Persönlichkeit gleichsam eingezogen ist, sich mit ihr vereinigt hat, kennzeichnet es sein elementares Dasein. Oder anders gesagt:

- Die Tugend bezeichnet die sittliche Verfassung eines Menschen.

Doch bei allem Streben nach Sittlichkeit kann ein Mensch das Tugendhafte nicht theoretisch erwerben. Täte er dies, so müßte er sich einen „ethischen Narzißmus" nachsagen lassen. Denn der ethische Narzißt will tugendhaft sein. So ist es wohl kaum tugendhaft, sich an den Straßenrand zu stellen, zu warten, bis sich ein Unfall ereignet, um danach im Ansehen der Öffentlichkeit als der große Lebensretter gefeiert zu werden.

- Der sittliche Wille eines Menschen möge sich daher nicht auf sich selbst fixieren und eine geplante persönliche Vervollkommnung anstreben, sondern allein sein Handeln sei immer nur auf das sittlich Gute ausgerichtet; so wird sich das Tugendhafte von selbst ergeben. Nicht das Denken macht tugendhaft, obschon es einen gedanklichen Entwurf zum sittlich Guten entwickeln kann; das Tugendhafte entspringt allein dem Handeln.

Das Anliegen christlicher Alltagspraxis ist es, das Sittliche zum Fundament jeglichen Handelns werden zu lassen. Das könnte in einer Welt, die sich nicht vom Christlichen her definiert, problematisch sein. Auch aus diesem Korrekturbedürfnis heraus ist ja dieses Buch entstanden. Ich will im folgenden einige Beispiele anführen, aus denen der Widerspruch des Gesellschaftlichen zu christlicher Sittlichkeit erkennbar werden soll.

Da ist zunächst der Zwang des bürokratischen Systems. Die Bürokratie in einer gesellschaftlichen Einrichtung übt eine unpersönliche Herrschaft über die Bürger aus. Es ist schwer für einen Bürger, sich gegen diesen Zwang zu wehren, weil sich der Repräsentant des Systems hinter dem Schild der Organisation verstecken kann. So wird Bürokratie namenlos und entpersönlicht. Das Apersonale des bürokratischen Systems ist nicht menschlich, denn der Mensch, der dem Bürokratischen begegnet, fühlt sich nicht persönlich angenommen. Das Gesichtslose der Bürokratie erschwert jegliche Kommunikation des Bürgers mit der Institution. Das Zwischenmenschliche wird zur Sache degradiert. Die Angst des systemabhängigen Menschen vor der Macht der Institution wird zu einem Instrument, das dazu dient, Herrschaft über den Bürger auszuüben.

Christliche Sittlichkeit kennt auch keine ignorierende Ablehnung eines anderen Menschen. Jesus hat jeglichen Haß ausnahmslos abgelehnt. Wer sich also am Haß erfreut, das Hassen hegt oder Haßgefühle verbreitet, widerstrebt damit dem Anliegen christlicher Sittlichkeit. Wie aktuell gerade diese Thematik ist, zeigen die brennenden Häuser und Wohnungen von Asylsuchenden. Einen Menschen vernichten zu wollen ist jedenfalls aus der Sicht des Christlichen nicht akzeptabel. Auch alle ideologischen Aktivitäten, die das Vernichten lehren, sind sittlich verwerflich. Dazu zähle ich alles Terroristische, Anarchistische und sonstige Feindliche, das sich gegen menschliche Gemeinschaften wendet. Für die Prägung des heutigen jungen Menschen möge vor allem gelten:

- Christliche Sittlichkeit weist den Weg zu konstruktiver Konfliktbewältigung, nicht jedoch zur Etablierung von feindlichen Grundmustern in der Persönlichkeit.

Daraus ergibt sich das sittliche Postulat nach der persönlichen inneren Harmonie im menschlichen Individuum. Jesus hat häufiger – besonders in seinen Abschiedsreden – vom Frieden im eigenen Inneren gesprochen. Erst der Friede im Wesensinneren ermöglicht einen kollektiven Frieden. Deshalb möge heute Persönlichkeitsbildung auch Bildung zum Frieden bedeuten.

Christlicher Sittlichkeit widerspricht auch die Perversion der Unterhaltungskultur in den Fernsehsendungen. Aus Feuerwehrmännern werden Kameramänner, die das Inferno brennender Gebäude in die Wohnzimmer transportieren. Der Sterbende auf der Autobahn ist nicht mehr allein. Journalisten durchbrechen die Tabuzone des Verunglückten und schießen ihm die Blitze ihrer Kamera ins Gesicht. Sie rechtfertigen dieses brutale und würdelose Treiben mit ihrer Informationspflicht dem Publikum gegenüber. In sogenannten „Zerstreuungssendungen" werden zur Erheiterung des auch im Studio anwesenden Publikums kritische Fragen an einen Kandidaten gestellt, die gezielte Verletzungen der Persönlichkeitssphäre beabsichtigen. Der Kandidat könne sich ja wehren; es müsse doch in einer demokratischen Gesellschaft erlaubt sein, auch wirklich „lebensnahe" Fragen zu stellen.

Auch ein Teil der Werbung erfüllt nicht die Bedingungen christlicher Sittlichkeit. Wenn bei einem Waschmittel festgestellt wird, daß es naturschädigende Stoffe enthält, dann darf es nicht mit dem „blauen Umweltengel" werben. Sonst ist diese Werbung Lüge. Ebenso bedenklich ist es, Werbung für Produkte der Tabakindustrie mit der Gesundheit in Verbindung zu bringen. Wer einem Interessenten für ein Produkt Nachteile dieses Produktes verschweigt, handelt unsittlich. Er darf nicht selbstverständlich darauf hoffen, daß der Kunde von sich aus nach Mängeln des Produktes fragt.

Die Sittlichkeit der Leistungsgesellschaft schließlich ist aus der Sicht des Christlichen nicht immer zu erkennen. Oft bedürfen die Führenden eines externen Anstoßes, um sich auf den Wert des Menschlichen im leistungsorientierten System zu besinnen. So werden von den Führenden kaum die charakterlichen Qualitäten eines Geführten erfaßt als vielmehr seine körperliche Leistungsfähigkeit. Zudem wird in dieser Gesellschaft ein Bewußtsein geprägt, das eine konkurrierend-rivalisierende Haltung induziert. Ich beobachte dies bei hierarchischen Beförderungen von Führungskräften. Offene oder indirekt geäußerte Neidgefühle blockieren für einige Zeit die innerbetriebliche Kommunikation.

Außerdem fördert die Leistungsgesellschaft eine Selbstakzeptanz, in der sich der einzelne vorwiegend aus seiner Leistungsfähigkeit definiert. Diese fremdgesteuerte Wertbeziehung kann zu einer krankmachenden Leistungssucht führen, die den arbeitenden Menschen daran hindert, sich anderen Inhalten seines Lebens zu widmen. Leistung bedeutet, wie wir noch sehen werden, prinzipiell nichts Negatives. Sie darf aber nicht zu einem Instrument verkommen, mit dem eine Gesellschaft sich beinahe ausschließlich ihren Wohlstand bewahrt.

2. Das Handeln für den Nächsten

Angewandte Sittlichkeit, will sie glaubwürdig sein, muß sich an der Praxis des gelebten Alltags überprüfen lassen. Da die Normen der Christlichkeit hervorragende praktikable Anleitungen für die konstruktive Gestaltung des Zwischenmenschlichen sind, können sie bedenkenlos auch von anderen ethischen Vorhaben übernommen werden. Die Ordensregel von Benedikt ist eine Richtlinie für seelisches Reifwerden, die zu dieser von Jesus in seiner Nachfolge gewünschten Christlichkeit anleitet. Das Reifwerden vollzieht sich fast ausschließlich durch Handeln. Gewiß möge ein Mensch auch hin und wieder über sein Tun reflektieren. Doch der Reflexion muß die Tat folgen, soll das Mitmenschliche zu einer adäquaten Bedeutung gelangen. Wahrscheinlich hat das Benediktinische den Ordensgeist des Abendlandes gerade deshalb so stabilisiert und institutionalisiert, weil die in den Kapiteln der Regel erkennbare Geisteshaltung nicht vom Praxisbezug isoliert erscheint.

- Die Benediktregel ist ein lebbares sittliches Gut, das aus dem Gelebten wiederum seine Kraft erhält.

Angewandte Sittlichkeit erlebt ihren praktischen Vollzug im Handeln für den Nächsten. Wer aber ist der „Nächste“? Darauf finden wir eine klare, ernüchternde Antwort im Neuen Testament. Da diese Antwort zumindest in einem christlich orientierten Kulturkreis – besonders aber für die Gegenwart – gültig ist, will ich sie ausführlicher zitieren. Es ist das Gleichnis vom barmherzigen Samariter. Und daß Jesus einem Gesetzeslehrer, der ihn auf die Probe stellen wollte, gerade dieses Gleichnis vor Augen führt, hat eine besondere Brisanz: Die Samaritaner nämlich waren den Juden aus mehreren Gründen verhaßt. Ausgerechnet ein solches provozierendes Beispiel wählt Jesus, um den Gesetzeslehrer auf das Liebesgebot sogar den Feinden gegenüber hinzuweisen.

> „Jener (der Gesetzeslehrer) aber wollte sich rechtfertigen und sprach zu Jesus: ‚Und wer ist mein Nächster?‘ Jesus nahm das Wort und sprach: ‚Ein Mann ging von Jerusalem hinab nach Jericho und fiel unter die Räuber; die plünderten ihn aus, schlugen ihn, machten sich davon und ließen ihn halbtot liegen. Zufällig ging ein Priester denselben Weg hinab. Er sah ihn und ging vorüber. Ebenso kam ein Levit an der Stelle vorbei, sah ihn und ging vorüber. Ein Samariter aber, der des Weges zog, kam in seine Nähe, sah ihn und wurde von Mitleid bewegt. Er trat hinzu, verband

> seine Wunden und goß Öl und Wein darauf; dann setzte er ihn auf sein eigenes Lasttier, brachte ihn in eine Herberge und trug Sorge für ihn. Am nächsten Morgen zog er zwei Denare heraus, gab sie dem Wirt und sprach: ,Trage Sorge für ihn, und was du noch darüber aufwenden wirst, will ich dir erstatten, wenn ich wiederkomme.' Welcher von diesen dreien scheint dir der Nächste geworden zu sein dem, welcher unter die Räuber fiel?' Jener antwortete: ,Der, welcher Barmherzigkeit an ihm geübt hat.' Und Jesus sprach zu ihm: ,Gehe hin, und tu desgleichen.'"[39]

Um dem Nächsten mit sittlichem Handeln begegnen zu können, ist es offensichtlich notwendig, bei sich selbst erst einmal eine Korrektur in der Sicht des Lebens, in der Lebenseinstellung vorzunehmen. Im allgemeinen dürfen wir sagen, daß jener, der nicht ohne zwingenden Grund von der Hilfeleistung abgehalten wird und am Leidenden achtlos vorübergeht, diese Innenkorrektur noch nicht vorgenommen hat.

- Christliche Sittlichkeit verlangt dauerhaft eine Änderung des eigenen Lebenskurses. Ohne dieses Neubesinnen ist es kaum möglich, ein wirklich Helfender zu werden.

Der Wandel in der Gesinnung zeigt sich im Handeln eines Menschen. Es ist der Wandel von der Distanz zu menschlicher Nähe. Das gewandelte neue Lebensverständnis bringt gute Früchte des Handelns hervor. Dem Menschen der Gegenwart fällt es sichtlich schwer, die Prägungen des bisher erlebten Denkens und Handelns aufzugeben und sie gegen neue Werte einzutauschen. Wie schwer tatsächlich alte Gewohnheiten und Strukturen auf jemandem lasten, das wird an der nur schleppenden Umgestaltung innerbetrieblicher Beziehungssysteme besonders klar. Nur ungern geben Menschen auf, was ihnen allgemeine Akzeptanz und auch materiellen Erfolg gebracht hat.

Die Lebenskorrektur fällt auch schwer, wenn es gilt, Flüchtlingen vorübergehend eine Bleibe zu bieten. Selbst dem Müttergenesungswerk wird eher eine finanzielle Spende überwiesen, als Frauen in ihrem noch jungen Muttersein frühzeitig genug stützend unter die Arme zu greifen, damit sie nicht in späteren Jahren unter der Last der Mutterschaft zu schwer leiden müssen.

Die Praxis christlicher Sittlichkeit wird vor allem durch das Handeln aus Liebe vollendet. Es sei deshalb hervorgehoben, daß sich Liebe letztlich nur im Handeln für jemanden offenbart. In welcher Weise sich das Liebegeben aus der sittlichen Sicht realisiert, sei in einigen Gedanken dargestellt.

Liebe kennt das Besorgtsein für einen anderen Menschen. Das tiefe Einfühlen in die Kümmernisse des anderen ist damit gemeint, nicht die Beschäftigung mit den Sorgen des anderen, weil das eigene Ansehen darunter leiden könnte. Mir sind Eltern begegnet, die ihre Angst vor einem sozialen Prestigeverlust mit dem Besorgtsein um die schulischen Nöte ihrer Kinder garniert haben. Mit dem Versagen der Kinder gelten auch die Eltern als Versager. Das scheint gesellschaftlich unerträglich zu sein. Der wirkliche Ausdruck der Liebe bietet einem belasteten Kind eher Gespräche, schulische Begleitung oder anderen Trost an.

Auch die Bevormundung widerspricht der Liebe und damit christlicher Sittlichkeit. In zahlreichen Partnerbeziehungen gibt es die Bevormundung in Form von Ratschlägen. Wie ich aus Gesprächen mit Ehepartnern weiß, verursachen die ratgebenden Partner einen nicht unerheblichen Leidensdruck im anderen. Sie üben Herrschaft über den anderen durch Ratschläge aus. „Auch Ratschläge sind Schläge“, zitierte einmal ein Seminarteilnehmer die Aussage seines Sohnes, als sich der Vater wieder einmal anschickte, seine „Lebenserfahrungen“ an die jüngere Generation weiterzugeben. Aber auch Führende meinen mit den Geführten oft genug in einer bevormundenden Art kommunizieren zu müssen. Dabei legen sie manchmal ein selbstherrliches Gebaren an den Tag, daß die Gesprächspartner an der wirklichen souveränen Erfahrung solcher Führender sehr zweifeln.

Mit dem echten Besorgtsein für den anderen wächst auch das Interesse an ihm. Das Interesse meint tatsächlich das Dabeisein am Leben des Mitmenschen. Häufig steckt hinter dem vermeintlichen Interesse am anderen die reine Neugier. Sie ist aber egozentriert und befriedigt eigene Bedürfnisse. Eine solche Haltung jedoch wirkt der Liebe entgegen. Alles Egoistische widerstrebt christlich Sittlichem.

- Wer stets im anderen das Eigene sucht, mißbraucht ihn und macht ihn zum Instrument seiner Egozentrik.

Das Interesse am anderen wird dagegen erkennbar an aufmerksamem Zuhören. Der interessiert Zuhörende läßt den Sprechenden seine Gedanken darlegen und gibt ihm auch äußerlich sein Dabeisein zu verstehen. Im Reagieren des Zuhörenden auf den Sprechenden wird dann spürbar, welche Inhalte, Auffassungen, Bedürfnisse oder Erwartungen er wahrnimmt. Das zu erkennen, was im anderen vorgeht, ist Ausdruck wirklichen Interesses. Die Liebe des Christen kennt auch die gemeinsame Freude. Sich am Gelingen, an der Entwicklung, an der Lebensführung des Partners mitzufreuen, ist ein Merkmal des liebevollen Umgangs miteinander. Der liebende Mensch wünscht damit auch von Herzen das Wohlergehen des anderen.

Die Aufforderung zum Handeln für den Nächsten als Ausdruck einer glaubwürdigen sittlichen Grundhaltung spricht auch aus manchem Kapitel der Regel Benedikts. Doch kommt es ihm immer wieder darauf an, zuerst das Innere der Persönlichkeit des Mönchs anzusprechen. Wie soll sich auch Sittliches im Zwischenmenschlichen vollziehen, wenn nicht die Tiefe der Persönlichkeit in Harmonie schwingt? So sagt Benedikt:

> „Wie es einen bitteren Eifer gibt, der von Gott trennt und zur Hölle führt, so gibt es auch einen guten Eifer, der von der Sünde trennt und zum ewigen Leben führt.
>
> Das ist der Eifer, den die Mönche in glühender Liebe betätigen sollen: Sie sollen einander in gegenseitiger Achtung übertreffen. Sie sollen ihre leiblichen und charakter-

lichen Schwächen in großer Geduld aneinander ertragen. Sie sollen sich in gegenseitigem Gehorsam zu überbieten suchen. Keiner soll den eigenen Vorteil suchen, sondern mehr den des anderen. Sie sollen einander selbstlos die brüderliche Liebe erweisen."[40]

Das persönliche Reifwerden des Mönchs geht einher mit seiner sittlichen Haltung in der Gemeinschaft. Fünf Kernbegriffe fallen in diesem Text auf, die den Weg des sittlichen Sollens beschreiben: Eifer, Liebe, Achtung, Geduld und Gehorsam. Ich vermute, daß sich mit diesen ethischen Werten schon ein stattliches Fundament für ein gemeinsames Wohnen – im Geist und in der Praxis – legen läßt. Mir erscheinen sie gar als die Kardinalwerte, mit deren Hilfe sittliches Tun im konkreten Lebensbezug überzeugend vollendet werden kann. Hier findet Handeln für den Nächsten auf höchster Ebene statt. Und es bleibt in seinem Aussagewert nicht nur auf die Stationen des klösterlichen Alltags begrenzt, sondern spricht den Weltmenschen ebenso an.

In der Polarität unseres Daseins unterscheidet Benedikt sehr sorgfältig zwischen dem „bitteren Eifer" und dem „guten Eifer". Es ist dies wohl die Grundspannung im Menschen zwischen seiner Diesseitigkeit mit all ihren Egoismen und der Liebesfähigkeit mit ihrer Selbstablösung. Die egoistische Position bleibt in unveränderter Selbstfixierung starr. Der gute Eifer aber, das unablässige Bemühen um das Mitmenschliche krönt schließlich das Sittliche. Sehr eng mit dem Eifer ineinander verwoben ist das Übertreffen in „gegenseitiger Achtung". In einen ethischen Begriff gekleidet, spreche ich im Alltag von „Würde". Dies ist wohl das Elementare des sittlich Ausgesagten: jedem Menschen mit Würde zu begegnen. Das bedeutet: „Würde" meint die Verehrung, den Respekt, der einem Menschen auf Grund seines in ihm wohnenden Wertes entgegengebracht wird. Wenn das menschliche Individuum ein Abbild des Göttlichen ist, so kann es schon von dieser Urherkunft seinen Selbstwert ableiten. Die gegenseitige Achtung wird um so glaubwürdiger, je mehr Demut die sich Begegnenden zu erkennen geben. Vor allem die Würde oder Wertschätzung von Mensch zu Mensch, von Führendem zu Geführtem, scheint in vielen Einrichtungen der Wirtschaft, Politik und Kirche nicht ausreichend genug beachtet zu werden. Denn zu oft stellt sich Hierarchie als Herrschaft dar. Ist sie erst von Angst begleitet, treibt sie als offenes oder maskiertes Machthandeln ihr bedrückendes Spiel.

Auch diese Gefahr, Macht gar durch körperliche Schläge auszuüben, bedenkt Benedikt im Kapitel 70 seiner Regel. Dort heißt es:

> „Im Kloster soll jeder Gelegenheit zu eigenmächtigem Handeln vorgebeugt werden. Deshalb bestimmen wir, daß es niemand erlaubt sein soll, einen seiner Brüder auszuschließen oder zu schlagen, außer der Abt hätte ihn dazu ermächtigt. Wer sich dagegen verfehlt, werde in Gegenwart aller zurechtgewiesen, damit die anderen sich fürchten ... Wer sich aber ohne Erlaubnis des Abtes irgend etwas gegen einen Erwachsenen herausnimmt oder sich gegen Kinder unbeherrscht zum Zorn hinreißen läßt, verfällt der Strafe der Regel; denn es heißt in der Schrift: Was du selbst nicht leiden willst, das tu auch einem anderen nicht an."[41]

Es mag zwar eigenartig anmuten, heute noch ein solches Kapitel zu zitieren, das sich mit körperlicher Züchtigung in einem Kloster beschäftigt. Gewiß wird dies im 20. Jahrhundert in einer klösterlichen Gemeinschaft unzeitgemäß sein. Doch die Herrschaft des körperlich Stärkeren über den Schwächeren ist eine zeitlose Machtbeziehung geblieben. Noch immer werden in zahlreichen Familien Kinder körperlich mißhandelt, fliehen Frauen vor den angedrohten Prügeln des Partners, werden Kriegsgefangene zu Tode gequält. Neben der Inkarnation des Sadistischen sind die körperlichen Schläge gegen einen Menschen (auch gegen Tiere) ein Ausdruck von Hilflosigkeit im Bewältigen des situativen Konfliktes.

- Schlagende Menschen sind keine zentrierten Persönlichkeiten, weil sie in psychischen Belastungen der Fremdsteuerung des interpersonell Konflikthaften erliegen.

Letztlich ist auch das gewaltsame Vorgehen gegen einen Menschen eine tiefe Verletzung seiner persönlichen Würde. Die Angst des Mächtigen vor der Entdeckung seiner Angst durch die ihn umgebende Mitwelt ist so groß, daß sie ihn zu dieser furchtbaren körperlichen Untat beflügelt. Von Saddam Hussein ist bekannt, daß er Offiziere, die ihm augenblicklich Widerspruch entgegenhielten, vor dem Kreis weiterer Militärs eigenhändig erschossen hat.

Die körperliche Liquidierung menschlichen Lebens ist deshalb so antigöttlich, weil sie das Schöpferische schlechthin vernichtet. Die Gewalt bildet die große Antithese zu jeglicher Lebensintensität. Denn sie trägt die Möglichkeit zum Vernichten des Geschaffenen in sich. In den Schattensphären des menschlichen Lebens lauern auch immer die Kräfte des Unberechenbaren, die das Lebendige in den Abgrund treiben wollen. Es ist die Urgefahr, die dem Weltlichen innewohnt, solange es noch nicht seine Chance zum Göttlichen hin begriffen hat. Mit jedem liebevollen Handeln für den Nächsten ist ein Stück von dieser Gefahr genommen, weil praktizierte Liebe aus sich heraus nur heilend wirken kann.

Die angewandte Nächstenliebe wird bei Benedikt in einem weiteren Kapitel deutlich, dem Kapitel 53 der Regel, die sich mit der Aufnahme von Gästen beschäftigt. Wie ernst es Benedikt ist, Jesusnachfolge in seiner Regel zu verwirklichen, geht aus dem Text hervor.

> „Alle Gäste, die zum Kloster kommen, sollen wie Christus aufgenommen werden; denn er wird einmal sagen: Ich war Gast, und ihr habt mich aufgenommen. Allen soll man die Ehre erweisen, die ihnen zukommt, besonders den Brüdern im Glauben und den Pilgern. Sobald ein Gast gemeldet ist, sollen ihm der Obere und die Brüder mit aller Freundlichkeit entgegengehen, wie es die Liebe verlangt. Zuerst sollen sie gemeinsam beten, dann sich den Friedenskuß geben … Ganz besondere Aufmerksamkeit soll man der Aufnahme von Armen und Pilgern schenken; denn in ihnen wird mehr als in anderen Christus aufgenommen."[42]

Der liebende Mensch greift hinein in die Fülle seiner Liebesfähigkeit, die sich aus dem Väterlichen und Mütterlichen seit Urzeiten in ihm gebildet hat. Der Liebende vereinigt beides in sich und kann deshalb aus seinem Unbewußten nur liebend handeln. Mit der Aufnahme der Gäste tritt zunächst das Weltliche durch die Klosterpforte ein. Doch im Kloster begegnet ihm das Liebende, das die Welt bereits hinter sich gelassen hat. Das liebend Bergende umgibt den Gast mit Aufmerksamkeit und handelt an ihm im Sinne Jesu. Das aber meint immer Selbstüberwindung zugunsten des anderen. Sittlichkeit würdigt das Körperliche und schenkt ihm zum Beispiel in der Fußwaschung des Gastes ein hohes Maß an Akzeptanz. Mit der Würdigung des Leiblichen setzt allmählich eine Wandlung ein: Das Eingehen auf den Gast in seiner Leiblichkeit wird durch das Begegnen mehr und mehr transformiert zu einem geistigen Erleben. Die Grenze, die zunächst das Körperliche darstellt, wird im Begegnungsraum überschritten zu einer geistigen Erfahrung hin.

Dies geschieht auch heute noch immer. Nach der dinglich-körperlichen Wahrnehmung des Mitmenschen tritt verstärkt das geistige Du hervor, das die Sicht des Sich-Begegnens erweitert. Wenn Führende in der Wirtschaft und Politik ihren Begegnungen auch eine geistige Dimension über das Spekulative hinaus verleihen könnten, würde das Gemeinsame noch bedeutender als das Trennende.

Im Dienst des Lektors bei Tisch ist die Verbindung zwischen Leiblichem und Geistigem wieder sichtbar. Benedikt schreibt:

> „Beim Tisch der Brüder darf die Lesung nie fehlen. Doch soll dort nicht der nächste beste das Buch nehmen und lesen, sondern der für die Woche bestimmte Leser beginne am Sonntag … Es soll tiefstes Schweigen herrschen, so daß man kein Flüstern und keine Stimme hört außer der Stimme des Lesers allein.“[43]

Auch hier reicht der sittliche Anspruch Benedikts über das Profane hinaus, während der gemeinsamen Mahlzeit der Mönche lediglich der Befriedigung eines Hunger- oder Durstgefühls Raum zu geben. Das ist zwar notwendig, um den Körper zu erhalten. Doch die wirkliche spirituelle Aufmerksamkeit steht über der Wahrnehmung des Speisens. Das körperliche Dasein wird stets von einer geistig-geistlichen Sicht überlagert. Im Dienst des Lektors ist ein wichtiger Dienst an der Gemeinschaft erfüllt. Denn das Grundanliegen des Benediktinischen ist die Vereinigung des Irdischen mit dem Überirdischen. So erscheint es sehr sinnvoll, das tägliche Geschenk des Speisens mit dem Aufmerksamsein gegenüber demjenigen zu verknüpfen, von dem alles Gut kommt: dem Göttlichen. Das Hinhören auf die Worte des Tischlesers mindert die Abhängigkeit vom Genuß der Speisen. Das geistig Verkündete zügelt eine mögliche Maßlosigkeit beim Essen und erzieht so zu diszipliniertem Umgang auch mit scheinbar Weltlichem.

Auch durch dieses Tun wird eine Einkehr in das Innerste geübt, denn in der Hinwendung zu dem Ausgesprochenen vollzieht sich gleichzeitig ein Loslassen des Dinghaften. Durch sein Vorlesen leitet der Lektor die Mönchsgemeinschaft zum Schweigen an. Aus der gemeinsam erlebten Stille steigt die Erfahrung auf, daß der Geist und das Wort dem Heilwerden die größere Kraft verleihen.

3. Der Gehorsam

Schon bei den Ausführungen zum Thema „Hören“ ist uns der Gehorsam als das Aufmerken auf die Botschaft des Außen begegnet. Als Eigenschaft sittlichen Verhaltens zeichnet er den Menschen aus, der mit dem Gehorchen seinen Eigenwillen zurückstellt. Lassen wir Benedikt zu Wort kommen.

> „Die höchste Stufe der Demut ist der Gehorsam ohne Zögern. Er zeichnet die aus, denen die Liebe zu Christus über alles geht. Wegen des heiligen Dienstes, den sie gelobt haben, oder aus Furcht vor der Hölle oder wegen der Herrlichkeit des ewigen Lebens gibt es für sie kein Zögern, sobald der Obere etwas befohlen hat; sie führen es aus, als hätte Gott selbst es befohlen. Von diesen sagt der Herr:

‚Sobald er mich hört, gehorcht er mir'. Ebenso sagt er zu den Lehrern: ‚Wer euch hört, der hört mich'. Solche Mönche verzichten sofort auf ihre persönlichen Interessen, geben den Eigenwillen auf, legen gleich alles aus der Hand, lassen ihre Arbeit unvollendet liegen, und mit dem raschen Schritt des Gehorsams kommen sie durch die Tat dem Wort des Befehlenden nach …

So ist es bei denen, die vom Verlangen gedrängt sind, zum ewigen Leben voranzuschreiten. Deshalb wählen sie den schmalen Weg, von dem der Herr sagt: ‚Schmal ist der Weg, der zum Leben führt.' Sie leben nicht nach eigenem Gutdünken, folgen nicht ihrer Lust und Laune, sondern leben nach dem Entscheid und Befehl eines anderen … Offenbar sind sie es, die den Herrn nachahmen und sich nach seinem Wort richten: ‚Ich bin nicht gekommen, um meinen Willen zu tun, sondern den Willen dessen, der mich gesandt hat.'

Dieser Gehorsam ist aber nur dann Gott wohlgefällig und den Menschen angenehm, wenn der Befehl nicht zaghaft, nicht säumig, nicht lustlos oder gar mit Murren oder offener Widerrede ausgeführt wird; denn der Gehorsam, den man Oberen leistet, wird Gott erwiesen … Der Gehorsam muß von den Jüngern auch gern geleistet werden; denn Gott liebt einen freudigen Geber. Wenn aber der Jünger mißmutig gehorcht und wenn er murrt, nicht nur mit dem Mund, sondern auch nur im Herzen, dann findet er kein Gefallen vor Gott, selbst wenn er den Befehl ausführt; denn Gott sieht das murrende Herz."[44]

Es verwundert nicht, daß Benedikt die Tugend des Gehorsams schon im 5. Kapitel seiner Regel behandelt. Ist sie doch eine der elementaren Mönchstugenden, ohne die ein geordnetes und harmonisches Klosterleben nicht denkbar ist. (Auf die Beziehung zwischen Gehorsam und Demut werde ich im IV. Kapitel „Über die Demut" eingehen.)

Der Gehorsam ist in mehrfacher Hinsicht ein Ausdruck sittlichen Verhaltens. Er bedeutet

- persönliche Selbstüberwindung
- Überprüfen der eigenen Wertordnung
- Ausdruck der Treue

für denjenigen, der ihn auch als Haltung des Herzens interpretiert.

Persönliche Selbstüberwindung

Das Gehorchen ist eine Aufforderung aus der Innen- oder Außenwelt, einer selbst- oder fremdgesetzten Norm zu folgen. Kommt das Aufgefordertsein aus dem Persönlichkeitsinneren, so ist es ein Signal des Gewissens, das daran gemahnt, sich des einmal mit sich selbst oder mit anderen Vereinbarten zu erinnern. Dem Innen zu gehorchen heißt damit, eine persönliche sittliche Ordnung zu respektieren. Das ist nicht so leicht, weil in die Innenwelt immer wieder Versuchungen einbrechen, die das bisher Gültige durch verführerische Egoismen bedrängen. Es bedarf einer besonnenen Innenkraft, um die Fremdmacht des Außerhalb zu zähmen. Dieses Sich-selbst-Gehorchen ist ein Ausdruck freiwillig gewählter Disziplin, die den schwachmachenden Augenblick zu überdauern hilft. Alles das, was wir als „guten Vorsatz" bezeichnen, ist ja ein inneres Verpflichtetsein gegenüber den sittlichen Prinzipien, denen wir folgen wollen. Im Gehorsam bleibt ein Mensch diesem von ihm gewählten Vorsatz treu. Somit gehört das Zurückstellen von Eigeninteressen zum Wesensmerkmal des Gehorchens. Die persönliche Selbstüberwindung im Gehorsam wird meist als schmerzlich empfunden, weil sie ein Unterordnen unter die Prinzipien oder Normen eines anderen Menschen bedeutet. Das Unterwerfen unter den Willen eines anderen setzt im Gehorchenden ein hinreichend entwickeltes Selbstwertgefühl voraus.

- Wer seinen seelischen Eigenwert erfahren hat, empfindet Gehorchen nicht als Persönlichkeitsverlust.

In der Praxis des Beruflichen fordert das Hierarchische strukturimmanent die Bereitschaft des Gehorchens ein. Menschen mit Mindergefühlen werden dem Gehorchen äußerst skeptisch begegnen. Nicht selten werden sie diese Form der Interaktion als Erniedrigung oder Schikane empfinden. Gewiß spielt in der Berufswelt schon eine bedeutende Rolle, *wer* den Gehorsam verlangt.

Der Seelenführer Benedikt bezeichnet die Liebe zu Christus als das wertvollste Motiv für den Gehorsam. Eines höheren Gutes wegen zu gehorchen läßt das Verzichten auf Eigeninteressen nicht schwerfallen. Der Gehorchende hat dann wenig Mühe, den zu akzeptieren, der Gehorsam von ihm verlangt, wenn der Gehorsam Gebietende selbst im persönlichen Zurücknehmen vorbildlich erscheint. Nach den bisher dargestellten Eigenschaften eines sittlich Führenden dürfte das Gehorchen weniger in Widerständen erstarrt sein.

- Gehorsam ist das persönliche Loslassen von Identifikation zugunsten eines höheren Selbstes.

Dieses Loslassen schließt dennoch den inneren Opferaufwand nicht aus, den der Gehorchende vollbringt und durch den er das innere Ringen verspürt. Der Gehorsam verlangt das vorübergehende Aufgeben einer Ein-Stellung, die das Gehorchen bisher behindert haben könnte.

Überprüfen der eigenen Wertordnung

Gehorsam ist Vollzug von Sittlichkeit. Im Gehorsam als sittlichem Akt stoßen Wertordnungen aufeinander, die möglicherweise bisher kaum Berührung fanden. Wem es zum Beispiel bislang ein stets praktiziertes Anliegen war, eine begonnene Arbeit erst zu verlassen, wenn sie zu Ende geführt ist, der wird diese Wertbeziehung zu seinem eigenen Tun überprüfen müssen, wenn von ihm erwartet wird, sofort einen Fremdauftrag auszuführen. Das so plötzlich erlebte Bedingungslose, das an einen Gehorchenden herandringt, ihn überrascht, ist ein sittlicher Wert, der auf seine Tiefenwirkung noch geprüft werden muß. Das Beschäftigen mit der eigenen Wertordnung meint, sie in eine Relation zu dem zu setzen, der diese Ordnung beeinträchtigen könnte. Das Erkennen im Gehorchen liegt wohl darin, zu erfahren, daß die Werte einer institutionalisierten Lebensregel oft höher angesiedelt sind als die subjektiven. Es ist nicht widerchristlich, dem Fremdgesetzten den Vorrang zu geben und dabei persönliche Rückschläge hinnehmen zu müssen. Sittliches Reifen kann wohl nicht im Nebenbei alltäglicher Gesten geboren werden.

Im Gehorsam, da selten geübt, wartet die Gelegenheit zur Verwandlung des Menschen. Das Gehorchen selbst nämlich wird zu einem sittlichen Wert, den die Egozentrizität bisher nicht zugelassen hat. Wer die tägliche Wunscherfüllung als persönliches Lebensprogramm erwählt hat, für den gibt es kein Nein zu Wünschen oder Erwartungen. Jemand, der nur seinen Bedürfnissen huldigt, kennt kein Nein zu seiner Bedürfnisbefriedigung. Welcher Instanz muß er gehorchen? Wer schreibt ihm Verzicht vor? In wohl ausgeklügelten Rationalisierungen wird dieser Zeitgenosse den Weg ständiger Rechtfertigung vor sich selbst und anderen gehen.

- Wer sich auf das Gehorchen einläßt, erlebt das Verzichten als neuen sittlichen Wert.

Ein Mensch, der sich zudem von seinem Christsein her definiert, wird ohnehin nicht daran vorbeikommen, gelegentlich zu überprüfen, wie es mit seinem Gehorsam dem Jesuspostulat gegenüber steht. Dabei gehe ich von einem freiwilligen Christsein aus. Ich zitiere einige von Jesus durchaus sehr ernst gemeinte Aussagen über seine Nachfolge.

> „Dann sprach Jesus zu seinen Jüngern: ‚Wenn einer mir nachfolgen will, so verleugne er sich selbst, nehme sein Kreuz auf sich und folge mir nach. Denn wer sein Leben retten will, wird es verlieren. Wer aber sein Leben verliert um meinetwillen, der wird es finden. Denn was wird es dem Menschen nützen, wenn er die ganze Welt gewinnt, aber sein Leben verliert?‘“[45] „Wenn jemand zu mir kommt

> und nicht Vater und Mutter und Weib und Kinder und Brüder und Schwestern und dazu sein eigenes Leben haßt, kann er nicht mein Jünger sein. Wer nicht sein Kreuz trägt und mir nachgeht, kann nicht mein Jünger sein."[46]

Der Gehorsam bewahrt einen Menschen vor der Lebenslüge. Offensichtlich macht es das formale Christsein möglich, sich am Gehorsam vorbeizumogeln. Der Gehorsam verlangt jedoch ein Überprüfen des bisher Wertgültigen, weil er nur dann den Weg zu mehr Realitätsnähe ebnet. Dieser Weg übrigens kann auch von der Lebenslüge befreien.

Ausdruck der Treue

Im Tugendkanon des Sittlichen gehört die Treue zu jenen Qualitäten, die für viele Menschen die überaus deutlich hervorstechende Tugend ist. Wir sprechen wohl immer dann von „Treue", wenn wir das Zwischenmenschliche aus einer Sicht der Gefolgschaft, der Partnerschaft interpretieren. Im früheren ritterlichen und militärischen Leben hatte sie einen ganz bestimmten Platz. Die Treue gehört stets in eine frei gewählte Beziehung zwischen Menschen. Denn sie ist ein Ausdruck des sittlich Freiwilligen. Auch ein Mensch, der sich selbst treu geblieben ist, hat dies aus dem Freiwilligen seines Wesens heraus getan. Der Bruch der Treue kann das sittliche Urteil über einen Menschen erheblich verschärfen.

Der Begriff der „Treue" hat eine Wertänderung erfahren. Während es bis etwa zum Zweiten Weltkrieg noch ein Treueverständnis gab, das einen Ewigkeitsanspruch postulierte, ist bis in die Gegenwart die Treue zu einem relativen Partnerschaftsbekenntnis geschrumpft. Mancher Treueschwur wird heute mit leichtem Herzen und lockeren Lippen gesprochen. Gewiß mag in manch früherem Treueversprechen und mancher Treueforderung auch etwas Starres, zwanghaft Entartetes, Mißbräuchliches, Unmenschliches gehaust haben. Und dennoch:

- „Treue" ist das sittliche Festlegen eines Menschen für die Zukunft. Sie bezeichnet das Durchhalten einer einmal eingegangenen Bindung auch unter veränderten Umständen.

Die Verpflichtung zur Treue trägt immer etwas Unbedingtes in sich. Sie würdigt das Menschsein auch unter künftig anderen Verhältnissen. Ehe, Freundschaft und freie Partnerschaft sind die zwischenmenschlichen Gebilde, in denen die Treue beheimatet ist. Schillers Ballade „Die Bürgschaft“ stellt ein wertvolles literarisches Monument für das Nacherleben von Treue dar.

Manchmal spreche ich auch von der Treue einem Unternehmen gegenüber. Dies begründe ich mit dem langjährigen emotionalen Gebundensein vieler Arbeitenden an „ihr“ Unternehmen. Aber das ist wohl die Ausnahme; sonst bezieht sich Treue immer auf den anderen Menschen. Sie erfaßt den treuen Menschen in seinem tiefsten Kern, eben in seiner emotionalen Bindung.

- Wer in seinem Versprechen treu geblieben ist, ist auch in den Augen der Mitmenschen in seiner Glaubwürdigkeit und Vertrauenswürdigkeit gewachsen.

Denn die Treue, die ein Mensch hält, und das Vertrauen, das ihm entgegengebracht wird, bedingen einander.

Nun hat Treue auch sehr viel mit Gehorsam zu tun: Gehorsam ist ein Ausdruck von Treue. Wie ist das zu verstehen? Treue ist das innere Festhalten an einem Versprechen gegenüber dem Göttlichen (Ordensgelübde und Ordensregel) oder gegenüber einem Menschen. Wer nun in seinen Handlungen dem Versprochenen folgt, es durch sein Tun verwirklicht, fühlt sich in seinem Gewissen an das Vereinbarte gebunden. Dieses innere Verpflichtetsein, die Treueinhalte zu bewahren, bringt den Gehorsam als eine Werthaltung hervor, die mit dieser Bindung verschmilzt. Weil zur Treue die Kontinuität gehört, manifestiert sie sich immer dann, wenn auch der Gehorsame ein solch Dauerhaftes zu erkennen gibt.

4. Gelassenheit und Geduld

Manchem Leser mag es erscheinen, als paßten die beiden Begriffe Gelassenheit und Geduld – noch zudem als Tugenden apostrophiert – nicht mehr in unser heutiges Leben. Sie seien veraltet, mag mancher denken, und deshalb nicht mehr wert, näher betrachtet zu werden. Eines sei schon im voraus gesagt: Gäbe es unter den Führenden der Gegenwart mehr Gelassenheit und Geduld, so gestalteten sich viele Begegnungen harmonischer, souveräner, sittlicher. Unter den vielen Tausend Seminarteilnehmern, die ich in über zwanzig Jahren kennenlernen durfte, habe ich nur wenige gelassene und geduldige Persönlichkeiten erlebt.

Ich werde mich zunächst einmal mit der Gelassenheit etwas genauer befassen. Mit dem allmählichen Versickern der Gelassenheit in den Gemütern ist ein unentbehrliches Gut des Sittlichen dahingeschwunden. Um die Gelassenheit in ihrem geistigen Wert genauer zu ergründen, halte ich es für sinnvoll, zunächst den Kernbegriff, das „Lassen", anzuschauen. Die Wortgeschichte hilft uns ein wenig zu tieferem Verstehen. Die Etymologie des Verbs „lassen" kennzeichnet es als „matt werden, schlaff werden, nachlassen". In seiner weiteren Semantik bedeutet dies: allmählich zu etwas auf Distanz gehen, sich in seiner inneren Beziehung von etwas entfernen.

Das Lassen steht immer in Beziehung zum Ich. Das Ich ist es, das lassen kann oder nicht. Deshalb verknüpfe ich das Lassen mit Sich-Lassen. Im Zusammenhang mit persönlichkeitsbildenden Aspekten ist das Lassen identisch mit dem Loslassen. Das Lassen ist zwar auch eine äußerlich erkennbare Form des Daseins – etwa „von einem Gegenstand die Finger lassen" –, also eine Nichtbewegung, ein Verharren, ein bewußt zurückgenommener Antriebsimpuls. Im Fallenlassen, Zurücklassen oder Verlassen ist das Lassen sogar mit einer Bewegung, mit einem Verändern verbunden. Doch das soll uns augenblicklich weniger berühren. Das Lassen als Sich-Lassen meint die innere Bewegung im Ich. Das Ich, das gefangen ist im Raum vieler Identifikationen und als Welt-Ich gefesselt an die Angebote des

Weltlichen. Das menschliche Ich lebt in seiner Wertordnung, die ihm manches Unveränderliche beschert hat. Auch von diesem Wertgefüge manches zu lassen leitet ein inneres Bewegen ein. Im Lassen entfernt sich der Mensch von Denk- und Verhaltensmustern, die ihn im Vergangenen mit einer Starre belegt haben. Eingestelltes, Blockaden, eben starr im Inneren Befestigtes, wird lockerer und beweglicher. Das Loslassen leitet in der Persönlichkeit langsam eine Wandlung ein. Dies geschieht durch das Zulassen des Anderen, das uns umgibt. Oftmals bedeutet ja das Beharren auf einer Position den Ausdruck von Angst. Angst aber verhindert das Loslassen. Mit dem Loslassen beschreitet daher ein Mensch auch den Weg der Angstbewältigung. Im Loslassen ergeht der Anruf an das Innere des Menschen, zu vertrauen und sich einem neuen Dasein zu öffnen. Worin besteht nun das Wesen der Gelassenheit?

- „Gelassenheit" tritt nach dem Loslassen ein. Sie bezeichnet eine Haltung innerer Ruhe, innerer Ausgeglichenheit. Ein gelassener Mensch hat das Spannungsfeld zwischen dem Innen und dem Außen überwunden.

Gelassenheit meint das seelische Ergebnis eines Ringens zwischen Besitzen und Loslassen. Das Gelassensein beschreibt damit ein Befinden, das sich am Ende eines inneren kämpfenden Bewegens einstellt. Gelassenheit ist dennoch nicht vergleichbar mit Gleichgültigkeit oder Abgestumpftheit. Denn der gelassene Mensch ist sehr wohl innerlich erreichbar, läßt sich betroffen machen. Doch wie er mit dem ihn Berührenden umgeht, das zeichnet seine bescheidene Überlegenheit aus. Neben der „weltlichen Variante" des Wortes „Gelassenheit" gibt es noch eine religiöse. Gelassenheit gehört auch in die Sprache der christlichen Mystik. „Gelassen" ist derjenige, der die Welt hinter sich gelassen hat und sich mit seinem Leben dem Göttlichen überläßt. Gewiß hat sich im Laufe der Zeit dieses Begriffsverständnis säkularisiert, jedoch nicht, ohne den sakralen Charakter von Gelassenheit partiell in die profane Welt übernommen zu haben. Aus dieser Wertübertragung in das Weltliche hat sich auch das Wissen von einer Zweiheit des menschlichen Daseins in das tiefere Verständnis von

Gelassenheit eingegraben. Weil der inzwischen gelassen gewordene Mensch sein Dasein in einem Tieferen verwurzelt weiß, kann er äußere Ereignisse an sich herankommen lassen. Sogar die äußere Gefährdung seines Daseins kann er durch seine Gelassenheit als äußerlich interpretieren. Der gelassene Mensch weiß sich in seiner Wesenstiefe geborgen und kann deshalb das Geschehen in seiner Mitwelt mit aufmerksamer Ruhe beobachten.

Nun zur Geduld. Das Verb, von dem das Wort „Geduld" geprägt ist, nämlich „dulden", hat von seiner sittlichen Notwendigkeit nichts verloren. Das „Dulden" meint ein Zweifaches: zum einen das Ertragen von Geschehendem mit der eigenen Person; zum anderen das Zulassen von Außerpersonalem. Für beide Verstehensweisen jedoch ist das Geduldigsein mit dem Ablaufenden unabdingbar notwendig. Oftmals wird das Dulden als Erdulden, Ertragen im Sinne der Leidensfähigkeit begriffen. Das Leidende am Erdulden resultiert wohl aus dem Unbehagen, die Erfüllung persönlicher Erwartungen nicht sofort zu erleben. Die sprachliche Parallele zum lateinischen Verb „pati", das „leiden, erdulden, ertragen" bedeutet, ist aufschlußreich; zumal daraus das Substantiv „patientia" als „Erdulden, Ausdauer, Genügsamkeit, Geduld" entstanden ist und einen weiteren Aspekt von Geduld erschließt. In der deutschen Sprache ist der „Patient" der Leidende, der sein Leiden wohl in Geduld ertragen muß.

Was macht das Wesen von Geduld aus? Ein besonderes Merkmal ist die Fähigkeit zur Akzeptanz des Geschehenden. Der Geduldige akzeptiert zunächst, was ihm begegnet. Sei es das Sprechen eines Mitmenschen, dem er zuhört und seine Aufmerksamkeit widmet, ohne ihm ins Wort zu fallen; sei es das Bemühen, einen geistigen Arbeitsvorgang sorgfältig und in Verantwortung für das Detail zu Ende zu bringen; sei es ein stets wiederkehrendes handwerkliches Tun, zum Beispiel einen handgewebten Teppich zu fertigen oder den Ackerboden mit einer Hacke Furche für Furche zu lockern – in all den Abläufen bildet die Akzeptanz die Grundhaltung, und danach folgt das Tun. Der geduldige Mensch zeigt diesem Tun gegenüber stets Sorgfalt. Er ist besorgt um die gründliche Erledigung des Aufgegebenen. Das sorgfältig Erledigte vermittelt ihm auch ein Gefühl der Zufriedenheit.

Ein geduldiger Mensch wirkt sympathisch durch sein Wartenkönnen. Jedes Drängende oder Aufdringliche ist ihm fremd geworden. Er erlebt das Warten nicht als ein Mindergefühl, durch das er sich zurückgesetzt empfände. Oft mag das Warten durchaus ein vorübergehendes Verzichten sein. Doch der Wartende wird entschädigt durch die unaufdringliche und bescheidene Art seines Verhaltens, die bei den Mitmenschen positiv aufgenommen wird.

Der ungeduldige Mensch dagegen wird von einem kaum beschreibbaren Egoismus geplagt. In beinahe allen Interaktionen, an denen er beteiligt ist, rückt er sich rasch in den Mittelpunkt, um keinen Verlust an Ansehen bei seinen Gesprächspartnern hinnehmen zu müssen. Dabei zeigt der Ungeduldige durch sein hektisches Auftreten ein gestörtes Verhältnis zu sich selbst, und schließlich produziert er dies auch zu seinen Mitmenschen. Ungeduldige wirken reichlich ungemütlich. Sie scheinen den Tag auf der Stuhlkante zu verbringen, um bei möglichst allen Gelegenheiten dabei zu sein. Der ungeduldige Mensch hinterläßt meist einen oberflächlichen Eindruck. Er wirkt, als ginge er über die Gesprächsangebote anderer rasch hinweg, um bald seinen Standpunkt darlegen zu können. Wegen dieser von wenig Tiefgang begleiteten Art der Kommunikation erhält er auch nur eingeschränkt das Vertrauen seiner Umgebung. Ungeduldige Menschen kennen kaum das Genießen. Sie können sich vor allem über die Verbreitung von Schnell-Gaststätten freuen.

Vielleicht ist dieser Branchenwinkel der Gastronomie deshalb so erfolgreich, weil er dem schnellebigen Menschen der Gegenwart besonders entgegenkommt. Worin liegen die Ursachen für Ungeduld? Ich sehe drei wesentliche Ursachen:

- Defizite im Selbstwertgefühl
- Überbewerten der eigenen Normen
- übersteigerte Leistungserwartung

Dazu seien einige Bemerkungen gegeben.

Defizite im Selbstwertgefühl

Das Selbstwertgefühl ist jenes elementare positive Grundgefühl in der Persönlichkeit, das einen Menschen für weite Strecken seines Lebens zu tragen vermag. Wo sich das Selbstwertgefühl auf Grund unterschiedlicher Störungen in der psychischen Entwicklung nicht hinreichend stabilisieren konnte, treten im Heranwachsenden und späteren Erwachsenen Mindergefühle auf. Da aber das menschliche Ich von seiner Wesensbeschaffenheit her ständig auf der Suche nach Anerkennung ist, bemüht es sich, die Mindergefühle in seiner Persönlichkeit durch Wege, auf denen es Anerkennung erntet, auszugleichen. Zu diesen wichtigen Wegen gehört auch das Gespräch. Gesprächspartner mit Mindergefühlen kommunizieren ungeduldig, weil sie befürchten, von ihren Gesprächspartnern nicht genügend gewürdigt zu werden. Sie können den Zeitpunkt nicht erwarten, der ihnen die Gelegenheit bietet, sich darzustellen. So sehen sie vor allem sich selbst und ihr Anliegen im Mittelpunkt des Interagierens. Diese Dominanz wird von den Mitmenschen negativ erlebt. Sie bedeutet meistens zugleich ein Negieren der Gesprächsanliegen anderer.

Überbewerten der eigenen Normen

Auch die Überbewertung der eigenen Normen ist eine Ursache für die Ungeduld, genauer: die Projektion der eigenen Normen auf einen anderen Menschen. Viele Menschen sind in ihrer Persönlichkeitsentwicklung von sittlichen oder intellektuellen Normen besonders geprägt worden oder haben später Normen für ihr Selbstverständnis übernommen. Jene nun, die sich durch diese Normen (zum Beispiel Ordnungsliebe, strenge Befolgung der zehn Gebote) definieren, wünschen, daß auch andere sie übernehmen mögen. So übertragen etwa Eltern ihre eigene Vorstellung von Wohlverhalten auf ihre Kinder und wünschen ein ebensolches Verhalten auch von diesen. Dabei berücksichtigen sie kaum, daß Entwicklung ein prozessuales Geschehen ist, das eine rasche Veränderung nicht erlaubt. Die Ungeduld solcher Eltern resultiert nun daraus, zu früh von ihren Kindern durch deren Verhalten eine Bestätigung für die Richtigkeit der elterlichen Normen zu erwarten. Diese Ungeduld mag auch im klösterlichen Leben eine Rolle spielen, in dem auf die Einhaltung von Normen besonderer Wert gelegt wird. Sollen Normen jedoch in ihrem Wert wachsen, so mögen sie mit Geduld und Behutsamkeit internalisiert werden. Perfektion im Umgang mit Normen ist meist neurotisch, weil sie aus Angst vor einem Prestigeverlust keine Schwächen akzeptiert.

Übersteigerte Leistungserwartung

Sehr eng mit dem soeben Dargelegten verbunden ist die Ungeduld auf Grund einer zu hohen Leistungserwartung. Im privaten wie beruflichen Leben erwarten Menschen von sich selbst und von anderen bestimmte Leistungen. Prinzipiell ist dagegen nichts einzuwenden. Wenn jedoch die positive Selbstwahrnehmung eines Menschen über seine Leistungsfähigkeit erfolgt, dann reagiert er sich selbst gegenüber äußerst unzufrieden, sobald er diesem Anspruch nicht mehr gerecht wird. Ähnlich verhält es sich auf die Mitmenschen bezogen. Eltern, von ihrer eigenen Leistungserwartung geleitet, reagieren sehr ungehalten über eine langsamere Auffassungsgabe ihrer Kinder. Auch mancher Führende wird gnadenlos ungeduldig, wenn eine Aufgabe seiner Meinung nach nicht rasch genug erledigt wurde. Die Ungeduld entsteht also hier aus der Diskrepanz zwischen dem durch eine Leistung Erwarteten und dem tatsächlich Geleisteten.

Der geduldige Mensch hat sich auf Grund seines ausreichend entwickelten Selbstwertes in seinen Erwartungen an die Mitwelt zurückgenommen. Er hat das Warten gelernt, weil er darin die Chance sieht, das Augenblickliche intensiver wahrzunehmen. Die Ungeduld überfliegt den Augenblick und jagt dem Zukünftigen entgegen. Dabei könnte sie das Künftige nicht angemessen gestalten, weil sie das Gegenwärtige nicht genügend gewürdigt hat.

- Der Ungeduldige ist zu stark auf die Befriedigung von Egoismen ausgerichtet. Der Geduldige wagt den Weg zum Sein.

5. Die Schweigsamkeit

Viele Klöster erscheinen wie eine „Welt des Schweigens“ (Picard). Zahlreiche Führungskräfte der Wirtschaft wünschen, während ihres Aufenthaltes in einem Kloster das Schweigen zu erlernen. Die kontemplativen Seminare im Seminarhaus Ettenbeuren sind ebenfalls mit mehrtägigem Schweigen verbunden. Das Schweigen vermittelt offensichtlich eine andere, vielleicht tiefere Form der Selbst- und Fremdwahrnehmung. Benedikt hat um das Tiefgreifende des Schweigens gewußt; denn die Erfahrung des Eremitischen hat auch ihm durch Schweigen den Weg in die Persönlichkeitstiefe geebnet. In seiner Regel reiht er das Thema „Schweigen“ in die Anfangskapitel ein, als wolle er gleichsam den Weg in die Klostergemeinschaft schweigend begleiten. Er sagt im 6. Kapitel:

> „Wir wollen tun, was der Prophet sagt: ‚Ich will auf meine Wege achten, damit ich nicht sündige mit meiner Zunge. Ich stellte an meinen Mund eine Wache. Ich verstummte, verdemütigte mich und schwieg vom Guten.‘ Hier gibt der Prophet zu verstehen, daß man der Schweigsamkeit zuliebe bisweilen sogar von guter Rede lassen soll; um so mehr muß man dann wegen der Sündenstrafe das böse Reden vermeiden.
>
> Deshalb soll wegen der Gewichtigkeit des Schweigens selbst vollkommenen Jüngern nur selten die Erlaubnis zum Reden gegeben werden, mag es sich um noch so gute, heilige und erbauliche Gespräche handeln. Es steht ja geschrieben: ‚Bei vielem Reden entgehst du der Sünde nicht.‘ Und an anderer Stelle: ‚Tod und Leben sind in der Gewalt der Zunge.‘ Denn Reden und Lehren kommt dem Meister zu, Schweigen und Hören ist Sache des Jüngers.
>
> Wenn also jemand etwas vom Oberen zu erfragen hat, so tue er es in aller Demut und ehrfürchtiger Unterwerfung. Leichtfertige Späße aber, albernes und zum Lachen rei-

zendes Geschwätz verbannen und verdammen wir für immer und überall und erlauben nicht, daß der Jünger zu derlei Reden den Mund öffnet."[47]

Die Schweigsamkeit ist eine Tugend. Sie zu erwerben ist auch die Aufgabe des mönchischen Lebens. Doch das Kloster ist vielleicht nur der am meisten bekannte Ort, an dem das Schweigen lebt. Weil die Welt laut ist, sehnt sie sich öfter nach der Stille, die das Klösterliche besonders bietet. Das entbindet den Weltmenschen nicht von der Verpflichtung, sich auf dem Wege seines persönlichen Reifens in der Welt ernsthaft um die Schweigsamkeit zu bemühen. Ist es nicht schwieriger, in einer lärmenden, reizerfüllten Welt zu schweigen als in der Geborgenheit einer meditativen Gruppe? Es mag so sein. Doch die Schweigsamkeit bleibt sowohl im Kloster wie in der Welt auf die Persönlichkeit des einzelnen bezogen. Sie ist persönlichkeitstypisch und nicht funktional-sachlich. Damit will ich sagen:

- Die Schweigsamkeit als Tugend ist Ausdruck der geistig-sittlich gereiften Persönlichkeit.

Daraus ergibt sich beinahe von selbst, daß ich die Schweigsamkeit hier nicht betrachte als psychogenes Phänomen einer gehemmten Persönlichkeit. Ich verstehe sie auch nicht als eine Reaktion des Trotzes oder einer anderen Konfliktabwehr. Vielmehr ist Schweigsamkeit als Phänomen eines wortlosen Interagierens gemeint.

Wie stehen nun Schweigsamkeit und Schweigen zueinander?

- Schweigsamkeit ist die Mutter des Schweigens.

Zuerst gibt es die Schweigsamkeit und danach das Schweigen. In dieser Folge will ich beide Begriffe beleuchten.

Die Schweigsamkeit ist eine elementare psychische Qualität. Sie bezeichnet eine Fähigkeit, die Fähigkeit nämlich zum Schweigen. Aus dieser Fähigkeit entsteht das Gewollte: das Schweigen. Die Schweigsamkeit selbst ist noch nicht das Schweigen. Aus ihr aber steigt das Schweigen als Zustand empor. Mit „Schweigsamkeit" ist das bewußte, freiwillige Zurückhalten einer Aussage gemeint. Der schweigsame

Mensch schweigt, weil er es will; er empfindet auch Freude am Schweigen; er schweigt nicht, weil er es muß oder weil er nicht sprechen kann, zum Beispiel wegen einer sprachlichen Behinderung. Es ist mir wichtig, zu betonen, daß Schweigsamkeit eine freie Willensleistung ist. Sie ist nicht mit Zwang belegt wie ein Redeverbot.

Für die Schweigsamkeit ist das Motiv dieses Wollens bedeutsam. Es entspringt wohl dem Wunsch, sich selbst zurückzunehmen und sich nicht vor anderen darzustellen. Wer das ständige Bedürfnis nach Selbstdarstellung verspürt, möge immer wieder sein Schweigenkönnen erproben. Zahlreiche Führende der Wirtschaft und Politik leben geradezu in dem Zwang zur Eigenprofilierung. Die selbstsüchtige Darstellung baut so viele Eigenmächtigkeiten auf, daß der Sprechende ihrer oft nicht mehr Herr wird. Wir wollen dabei bedenken, in welcher Weise das Hierarchische fast ständig Räume zur Selbstdarstellung des Führenden bereithält.

Die Schweigsamkeit repräsentiert ein hohes Niveau von Sittlichkeit eines Menschen. Das Sittliche kann darin bestehen, einem Mitmenschen die Chance des Sprechens anzubieten. Der Schweigsame nimmt eine mögliche Dominanz zurück und gestattet dem Partner, sich mitzuteilen. So wird der Schweigsame zum Schweigenden und Zuhörenden.

Ebenso kann es sittlich sein, die Schweigsamkeit zu üben, um das Bedürfnis nach Stille im anderen Menschen nicht zu gefährden. Schweigsamkeit ist damit bewußt gestaltetes Rücksichtnehmen auf den Partner. Es zeigt sich das Sittliche aber auch darin, etwas Belastendes nicht in das Gespräch zu werfen und eventuell verletzende Aussagen zu meiden. Das meint der Psalmist, wenn er sagt, er wolle an seinen Mund eine Wache stellen. Wie verwundend das alltägliche Sprechen ist, bemerken wir an den Entschuldigungen und Reuebekundungen anderen Menschen gegenüber. Manches lieber nicht ausgesprochen zu haben ist der oft zu spät geäußerte Wunsch.

Schließlich zeigt der schweigsame Mensch, daß er im Schweigen die Ehrfurcht vor der Stille sieht. Die heilende Wirkung der Stille ist vielerorts erfahren worden. Nach einem mehrmonatigen Aufenthalt in einem Trappistenkloster in Amerika hat Henri J. M. Nouwen seine Erfahrungen in einem Buch unter dem Titel „Ich hörte auf die Stille“ zusammengefaßt.[48]

Das Schweigen nun ist ein Zustand, der ein besonderes Dazwischen beschreibt. Es ist nicht nur ein Verzichten auf das Sprechen, ein plötzliches Aufhören. Wo das Wort endet, beginnt das Schweigen. Dann, nach dem Enden des Wortes, wird das Schweigen deutlich. Ich bezeichne auch das Schweigen als ein für sich Eigenes. Es existiert weit über die Grenzen des Nichtgesprochenen hinaus. Das Schweigen existiert für sich allein. Nur bedarf es auch des Wortes, um sein Dasein zu verbreiten. Wenngleich die Sprache des Schweigens die Stille ist, so kann auch sie das Wort nicht entbehren. So gehören Sprache und Schweigen zueinander. Das Schweigen scheint als Urphänomen aus jener Zeit zu stammen, in der es noch kein Wort gab. Wenn auch am Anfang das Wort war, so gab es schon vor dem Wort das Schweigen.

- Das Wort ist aus dem Schweigen hervorgegangen.

Das Schweigen trägt wohl eine unschätzbare Fülle in sich. Eine Fülle an Ungesprochenem und eine Fülle an nachklingend Gesprochenem. Heute scheint das Schweigen etwas Nutzloses zu sein. In einer rationalen Welt, die in beinahe allem den Nutzen sieht, findet das Schweigen kaum einen Platz. Wer schweigt, wirkt so, als wisse er nichts. Wer während des Sprechens eine Pause des Nachdenkens einlegt, riskiert, von rücksichtslosen und ungestümen Gesprächspartnern im Management beiseite gefegt zu werden. Weil beim Schweigen nichts „herauskommt“, wird es als kontraproduktiv bezeichnet. Dennoch erlaubt erst das Schweigen einen Nutzen. Es quillt aus ihm so viel Wesentliches, als sei es mit dem Wesen identisch. Ließe ein Mensch in seinem Leben das Schweigen mehr zu, so könnte er seinem Wesen tiefer begegnen.

Es ist beruhigend, zu wissen, daß das Schweigen auf den Menschen wartet. Ja, es schaut ihn an, ob er sich ihm zuwenden wolle. Das aber hieße, sich in das Schweigen zu versenken, sich ganz von ihm umhüllen zu lassen. Für manchen Menschen ein Erlebnis des Sich-hingebens, bei dem er die Fassung seiner selbst durchbrechen könnte. Davor haben manche Angst. Denn das Schweigen kann unendlich werden, wenn der zum Schweigen Gezwungene nicht mehr den Widerstand des Wortes verspürt. Im Warten des Schweigens schaut aber auch das Vertrauen auf den Menschen. Der Mensch, der sich traut, das Schweigen anzunehmen, erhält aus dem stillen Dialog die Ruhe des Vertrautseins zurück. Zugleich wächst im Menschen der Glaube an den Wert des Schweigens. Dieser Wert überwindet den Schauder, den Pascal einmal so ausdrückte:

> „Das ewige Schweigen der unendlichen Welträume ruft in meiner Seele Schauder hervor.“[49]

Ich will das Thema „Schweigen“ noch mit anderem Geschehen in Verbindung bringen:

- Schweigen und Nähe
- Schweigen und Strafe
- Schweigen und Klärung
- Schweigen und Tod

Schweigen und Nähe

Die Nähe, die das Schweigen zu schenken vermag, ist eine zeitlose Nähe. Im Schweigen nämlich sind Vergangenheit, Gegenwart und Zukunft in das Eine aufgelöst – in eben das Da-Sein. Die Zeit hat aufgehört zu existieren. Der Schweigende, der sein Schweigen begreift, erlebt darin seine eigene Nähe. Er muß sich selbst zulassen. Das Schweigen hebt die Distanz des Menschen zu sich selbst auf. Der Mönch, der einsame Wanderer, der Kranke – sie und viele andere haben sich auf den Weg in das Schweigen begeben. Sie haben die Wortgeräusche der Welt hinter sich gelassen und verhalten sich selbst auch wortlos.

Das eigene Stillwerden nun erlaubt es dem Umgebenden, sich näher an den Schweigenden heranzuwagen. Die Nähe, die aus dem Schweigen kommt, reicht dem still Gewordenen das Dasein. Das aber ist ein Selbstbegreifen, ein Tiefergehen in das eigene Menschsein. Es ist eine Selbsterfahrung im Schweigen.

Das Schweigen zwischen Menschen gibt auch Raum für gegenseitiges wortloses Erleben. Im Schweigen tritt der Mitmensch oftmals viel stärker in unser Leben ein als beim Sprechen. Das Schweigen in einer Gruppe etwa schärft die Wahrnehmung für alles nichtsprachlich Ausgedrückte. Das Körpersein im Zwischenmenschlichen entfaltet sich zu besonders eindrucksvollen Gesichtern, Gesten und Gestalten. Das Schweigen bricht die Entfremdung auf und verwandelt Distanz zu körperlich-seelischem Nahesein.

Schweigen und Strafe

Wird der Mensch aber durch Schweigen bedrückt, so sind ihm alle Freiheiten des Aufbruchs aus dem Schweigen versagt. Wenn das Schweigen zur Strafe wird, hat sich dem Bestraften jeglicher Zuspruch entzogen. Das Schweigen wird zur Ignoranz.

Wie oft haben Kinder in das Schweigen ihrer Eltern gestarrt und gehofft, einen Worthauch des Verzeihens, des Wieder-gut-Seins zu erblicken. Doch die versteinert gebliebenen Gesichter haben das Sehnen der Kinderaugen wie von einer harten Wand abprallen lassen. Schweigen als Strafe bedeutet Abgewiesensein in seinem ganzen Kindhaften.

Auch Ehen und andere Partnerschaften leben im Schatten des Schweigens. Das gegenseitige Bestrafen durch Schweigen läßt das Warten auf das erste Wort des anderen zu einem unheimlichen Hoffen aufbrechen. Das Schweigen wird zur Lebenskulisse, vor der die Krise des Zwischenmenschlichen ihre strafenden Szenen spielt.

Das Schweigen des Führenden gegenüber den Geführten läßt die Atmosphäre der beruflichen Welt zu einer psychischen Folter werden.

Die Mitarbeitenden werden in ihrer menschlichen Existenz zu etwas Dinglichem erniedrigt, mit dem ein Dialogisches nicht sein kann. Sie werden ausgesperrt aus dem Kreis der durch das Wort Anerkannten. Fast in das Infantile zurückgeschoben, dem der Mund verschlossen wurde. Das Schweigen des Höheren stellt den Niedrigeren würdelos an den Pranger. Für alle hörbar, daß es zwischen manchen nur noch Schweigen gibt. Auch der Führende, der nur durch Schweigen straft, erlebt das Konflikthafte in Wahrheit mit Angst. In einer Angst vor der Sprache, die ihn selbst in das Schweigen getrieben hat.

Schweigen und Klärung

„Klärung" heißt hier Klarheit zu gewinnen. Gedankliche Reinheit und Offenheit dem eigenen Wesen gegenüber sind Begleiterinnen der Klarheit. Das Schweigen bringt Klarheit in das Bezogensein auf sich selbst. Der Zwang zur Besinnung fördert das innere Auseinandersetzen. Manchmal stört hierbei das Gespräch, weil es immer wieder das Außen hineinträgt in die Sammlung des sich Klärenden. Das Schweigen im Inneren verstärkt das Hören in das Innere. Im Schweigen klärt sich, was ausgesprochen wird und was im Schweigen bleibt. Im Klären reift das Entscheiden heran und leitet das spätere Interagieren.

Für den schweigenden Menschen bringt schon das weltlich Laute die Klärung, sich nicht unter dieses Wortgetümmel zu mischen. Denn im Wortrausch der Welt geht das unter, was der Schweigende nicht mehr festhalten konnte. So kann es das Bedeutendste einer klärenden Prüfung des Lebens sein, sich mehr dem Schweigen als dem Sprechen zuzuwenden.

Schweigen und Tod

In der Gegenwart des ausklingenden 20. Jahrhunderts ist der Tod von Schweigen umgeben. Er wird verschwiegen oder zugeschwiegen. Vielleicht, weil er noch keine Antwort auf das Fragen nach dem

Jenseitigen gegeben hat. Das Unabänderliche wird mit Schweigen belegt, der Tod in das Reich des Wortlosen verbannt, weil aus diesem Phänomen vermeintlich keine Hoffnung sprießt. Das Angesicht des Todes wird dem jungen Menschen vorenthalten, denn das Sterben ist an den Stadtrand ausgelagert worden. Alles aber, was nur aus der Distanz erfahren wird, erzeugt oder verstärkt die Angst im Menschen. Die Begegnung mit dem Verstorbenen ist die Begegnung mit dem ewigen Schweigen. Das Sterben bereitet auf ein Schweigen vor, das sich aufmacht, in den Urgrund des Schweigens zu sinken, aus dem es einmal hervorgegangen ist. Dorthin kehren alle Schweigen zurück.

Mit dem Tod eines Menschen breitet sich ein Schweigen aus, vor dem auch der worthungrigste Redner verstummt. Denn im Schweigen des Toten wird der Weltmensch seinem eigenen Schweigen begegnen. Das, was er im Augenblick noch fernhält von sich, wird er später anerkennen müssen. Das Schweigen eines Verstorbenen drückt die Autonomie des Schweigens aus. Mit dem Tod wird dieses Schweigen unbeeinflußbar und folgt der eigengesetzlichen Spur. Aus dem Schweigen des Toten spricht uns all sein Erlebtes an und fordert uns auf, in seine Tiefen aus Fülle und Sein hineinzuhorchen. Wer das Schweigen des Todes begreift, ist auf dem Weg, die Geräusche des Lebens hinter sich zu lassen. Doch er wird ein neues Schweigen erleben, dessen Dimensionen das Ich nicht mehr erfassen kann.

Benedikt schreibt den Mönchen vor, nach dem Abendgebet, der Komplet, strengstes Stillschweigen zu beobachten. Das Schweigen nach dem Gebet gehört der Antwort des Göttlichen. Denn: Erst die Stille macht uns fähig, die Sprache des Göttlichen zu vernehmen.

IV. Kapitel
Über die Demut

Vielen Menschen der Gegenwart ist das Wort „Demut“ nicht mehr vertraut. Das ausgehende 20. Jahrhundert könnte die Demut geradezu für einen Anachronismus halten, denn die zeitgenössischen Ziele haben weniger einen Tugendkatalog im Auge als mehr ein Lebensprogramm, das nach Selbstverwirklichung und Befriedigung von Ansprüchen schielt. Demut scheint in das ethische Antiquariat zu gehören. Gerade deshalb will ich zunächst mit Benedikt die Demut wieder in das Bewußtsein des Heute holen und damit sittlich entstauben.

1. Die benediktinischen Stufen der Demut

Es fällt beim Durchsehen der Benediktregel auf, daß das Kapitel „Die Demut“ („de humilitate“) das umfassendste Kapitel darstellt. Der aufmerksame Leser nimmt wahr, welches sittliche Gewicht diese fundamentale Tugend für Benedikt und das mönchische Leben besitzt. Nach meiner Auffassung muß das ethische Gewicht der Demut erneut in die sittliche Waagschale der Gegenwart geworfen werden. Deshalb werde ich, über das Benediktinische hinausgehend, weitere Überlegungen zu diesem Thema anbieten.

Benedikt schickt den zwölf Stufen, die der Mönch für die Erlangung der Demut zu absolvieren hat, einige Ermahnungen voraus. Er beginnt so:

> „Brüder, die göttliche Schrift ruft uns zu: ‚Jeder, der sich erhöht, wird erniedrigt, und wer sich erniedrigt, wird erhöht werden.‘ Mit diesen Worten zeigt uns die Schrift, daß jede Erhöhung eine Art Stolz ist. Davor hütet sich der Prophet, wie seine Worte zeigen: ‚Herr, mein Herz ist nicht stolz, meine Augen blicken nicht überheblich. Ich habe

> keine großartigen Pläne und befasse mich nicht mit Dingen, die mir zu hoch und zu wunderbar sind. Aber was geschieht, wenn meine innere Haltung nicht demütig ist, wenn ich meine Seele stolz werden lasse? Dann behandelst du meine Seele, wie man ein Kind behandelt, das man (gewaltsam) von der Mutterbrust wegnimmt.'"[50]

Eine zweifache Polarität kennzeichnet nach Benedikt das Verständnis von Demut: zum einen das Spannungsfeld zwischen „erhöhen" und „erniedrigen" und zum anderen der „Stolz des Herzens" und die „innere demütige Haltung". Schon in diesen elementaren Aussagen ist die Brücke zur Gegenwart geschlagen. Handelt es sich bei diesen Phänomenen nicht um überzeitlich menschliche Merkmale?

Der zweite Teil der Vorrede vertieft das schon Angedeutete.

> „Brüder, wenn wir den höchsten Gipfel der Erniedrigung erreichen und rasch zu dieser Erhöhung im Himmel gelangen wollen, zu der man durch die Erniedrigung in diesem Leben aufsteigt, dann müssen wir durch unseren Aufstieg in der Tugend jene Leiter errichten, die dem Jakob im Traum erschien und auf der er Engel herab- und hinaufsteigen sah. Dieses Herab- und Hinaufsteigen hat für uns ganz sicher keinen anderen Sinn, als daß man durch Erhöhung herab- und durch Erniedrigung hinaufsteigt. Die aufgerichtete Leiter ist unser irdisches Leben, das der Herr himmelwärts aufrichtet, wenn sich unser Herz erniedrigt. Die Holme der Leiter deuten wir auf unseren Leib und unsere Seele. In diese Holme hat der göttliche Ruf die verschiedenen Stufen der Demut und der Tugend eingefügt, die wir ersteigen sollen."[51]

Die metaphorische Darstellungsweise ist sehr einprägsam. Demut erscheint als ein Lebensprogramm, das den Menschen mit Leib und Seele erfassen muß. Nach Benedikt ist die Demut erlernbar, wenn nur der einzelne bereit ist, die Stufen der Leiter hinaufzusteigen. In der Demut wartet das Göttliche auf die Begegnung mit dem Menschlichen. Denn das Ich ist es, das sich vom Göttlichen entfernt hat. Nicht das Göttliche hat den Vorhang zwischen Himmel und Erde zugezogen, sondern der Mensch in seinem Allmachtsstreben.

Die erste Stufe auf der Leiter der Demut spricht folgerichtig auch die Grundbeziehung des Menschen zum Göttlichen an. Denn:

- Demut ist in ihrem elementaren Bezogensein metaphysisch ausgerichtet.

In der ersten Stufe sagt Benedikt:

> „Auf der ersten Stufe der Demut hält sich der Mensch immer die Gottesfurcht vor Augen und hütet sich sehr, sie zu vergessen. Stets denkt er an alle Gebote Gottes und erwägt immer in seinem Herzen, daß die Gottesverächter wegen ihrer Sünden das Feuer der Hölle brennen wird, daß aber die Gottesfürchtigen das ewige Leben erwartet. Jederzeit soll sich der Mensch freihalten von Sünden und Fehlern – von Gedankensünden, von Sünden der Zunge, der Hände, der Füße und des Eigenwillens, aber auch von den Begierden des Fleisches, und es soll ihm bewußt sein: Gott schaut immer vom Himmel her auf ihn herab, Gottes Auge sieht überall sein Tun und Lassen, und die Engel erstatten allezeit über ihn Meldung."[52]

Der Beginn von Demut ist vollkommene Bewußtheit des eigenen Daseins. Solange ein Mensch in seinem Inneren (Herzen) nicht die Bereitschaft zur Selbstbeobachtung und Selbstkorrektur erkennen läßt, hat die Demut noch nicht in ihm begonnen. Demut setzt die Ernsthaftigkeit kritischer Selbstwahrnehmung voraus. Benedikt fährt fort:

> „Darauf weist der Prophet uns hin und zeigt, daß unsere Gedanken vor Gott stets offenliegen; er sagt: ‚Gott prüft Herz und Nieren.' Und: ‚Der Herr kennt die Gedanken der Menschen.' Und er sagt auch: ‚Du durchschaust meine Gedanken von fern.' Und: ‚Das Denken des Menschen ist

> dir bekannt.‘ Um aber seine verkehrten Gedanken gewissenhaft zu überwachen, soll der gute Bruder in seinem Herzen ständig das Wort wiederholen: Nur dann bin ich untadlig vor ihm, wenn ich mich in acht nehme vor meiner Schlechtigkeit.“[53]

Die Befreiung von der Lebenslüge ist das Ziel der Selbsterforschung. Nicht wie ein Mensch vor sich und anderen scheinen möchte, macht seine psychischen Qualitäten aus, sondern wie er vor dem Göttlichen dasteht. Das wirklich absolute Offensein sich selbst gegenüber ist der Beginn einer offenen Beziehung zum Metaphysischen.

> „Den eigenen Willen zu tun verwehrt uns die Schrift, wenn sie sagt: ‚Wende dich ab von den Regungen deines eigenen Willens!‘ Auch flehen wir zu Gott im Gebet, daß sein Wille an uns geschehe. Mit gutem Grund werden wir also belehrt, nicht unseren eigenen Willen zu tun. So beachten wir die Mahnung der Heiligen Schrift: ‚Es gibt Wege, die den Menschen recht erscheinen, die aber am Ende zur Tiefe der Hölle hinabführen.‘ Wir zittern auch vor dem Wort, das über die Nachlässigen gesagt ist: ‚Verwerflich und abscheulich sind sie geworden, weil sie ihrem Willen gehorcht haben.‘“[54]

Der Wille des Göttlichen steht über dem Willen des menschlichen Individuums. Dies ist für Menschen um so schwerer zu begreifen, je stärker sie an ihrer eigenen Willensbildung arbeiten. Doch nur der, der ein eigenes Wollen entwickeln konnte, weiß, was er darbringt, wenn er auf die Verwirklichung allein seiner Willensbestrebungen verzichtet. Dem persönlichen Wollen zu folgen bedeutet, sich dem Einflußnehmen der Transzendenz zu verweigern.

- Die Eigensteuerung eines Menschen möge stets Korrekturen durch das Unberechenbare zulassen. Wo das nicht geschehen darf, weil es der Eigenwille versagt, setzt sich das Unbedingte mit der Kraft der Krise durch. Der Eigenwille wird gebrochen.

Der demütige Mensch kennt also auch ein Sich-führen-Lassen durch Mächte, die größer sind als er. Im Führenlassen liegt die Akzeptanz dieses Größeren. Benedikts Anleitung zur Demut – noch immer in der ersten Stufe – sagt weiter:

> „Daß aber auch die Begierden des Fleisches vor Gott immer offen zutage liegen, glauben wir deshalb, weil der Prophet zum Herrn sagt: ‚All mein Begehren liegt offen vor dir.' Hüten wir uns also vor dem bösen Begehren; denn der Tod lauert an der Schwelle der Lust. Deshalb gebietet die Schrift: ‚Geh deinen Begierden nicht nach!'"[55]

Das Begehren in der menschlichen Persönlichkeit erzeugt Abhängigkeit von jenen Inhalten, von denen sich das Begehren nährt. Das Abhängigsein aber bedeutet den Tod des Geistig-Seelischen, weil Abhängigsein auf die Egoismen des einzelnen festgelegt ist. Das Egoistische in der Persönlichkeit verstellt den Zugang zum Selbst, zur spirituellen Welt.

> „Wenn also die Augen des Herrn die Guten und die Bösen beobachten, wenn der Herr immer vom Himmel auf die Menschen herabschaut, um zu sehen, ob noch ein Verständiger da ist, der Gott sucht, und wenn die Engel, die uns zugeteilt sind, dem Herrn täglich, bei Tag und Nacht, unser Tun und Lassen melden, dann müssen wir in jedem Augenblick auf der Hut sein, damit uns Gott nicht irgendeinmal, wie der Prophet im Psalm sagt, abtrünnig und verdorben sehen muß. Er soll nicht, weil er uns in seiner Güte jetzt schont und auf unsere Bekehrung und Besserung wartet, dereinst zu uns sagen müssen: ‚Das hast du getan, und ich habe geschwiegen.'"[56]

Das Göttliche geht mit dem Geschaffenen geduldig und sorgfältig um. Es nimmt Züge des Personseins an, indem es auf die Zuwendung des Menschlichen wartet.

> „Auf der zweiten Stufe der Demut liebt der Mönch seinen eigenen Willen nicht und findet kein Gefallen daran, seine

> Wünsche zu erfüllen, sondern richtet sich in seinem Tun nach dem Wort des Herrn, der sagt: ‚Ich bin nicht gekommen, um meinen Willen zu tun, sondern den Willen dessen, der mich gesandt hat.' Ebenso heißt es in einer Schrift: Eigenwille bringt Strafe, Gebundenheit (an fremden Willen) erwirbt die Krone."[57]

Die zweite Stufe spricht den Prozeß der analytischen Auseinandersetzung des Menschen mit sich selbst an. Den eigenen Willen nicht zu lieben bedeutet, sich in seiner Lebensgestaltung dem göttlichen Führen wie der Ordensregel anzuvertrauen. Das Ausgerichtetsein auf die eigene Wunscherfüllung trennt das Innere des Menschen von seinem göttlichen Ursprung. Den Willen eines anderen zu tun vermag nur der, der bereits seine Identität aus einer anderen Wesenheit empfängt.

> „Auf der dritten Stufe der Demut unterwirft sich der Mönch seinem Oberen aus Liebe zu Gott in vollkommenem Gehorsam. So ahmt er den Herrn nach, von dem der Apostel sagt: ‚Er war gehorsam bis zum Tod.'"[58]

Liebe und Vertrauen in das Göttliche ermöglichen es, das Hierarchische anzuerkennen und sich ihm unterzuordnen. „Gehorsam" bedeutet hier auch noch, sich dem Göttlichen zugehörig zu fühlen. Der Gehorsame unterwirft sich gern, weil er zu dem gehört, dem er sich unterwirft.

> „Auf der vierten Stufe der Demut übt der Mönch den Gehorsam in der Weise, daß er auch bei harten Aufträgen und bei solchen, die ihm zuwider sind, ja sogar bei Kränkungen aller Art stillbleibt und bewußt die Geduld bewahrt. Er erträgt das alles, ohne sich entmutigen zu lassen oder wegzulaufen; denn er denkt an das Wort der Schrift: ‚Wer bis zum Ende standhaft bleibt, der wird gerettet', und das andere Wort: ‚Hab festen Mut und ertrage den Herrn!' Um zu zeigen, daß der Getreue für den Herrn auch alles Widrige ertragen muß, legt die Schrift denen, die leiden,

> diese Worte in den Mund: ‚Um deinetwillen werden wir hingemordet Tag für Tag und wie Schafe behandelt, die zum Schlachten bestimmt sind.‘ Weil sie aber zuversichtlich auf Gottes Vergeltung hoffen, fügen sie freudig die Worte hinzu: ‚Doch all das überwinden wir durch den, der uns geliebt hat.‘ Und anderswo sagt die Schrift: ‚Gott, du hast uns geprüft, du hast uns im Feuer geläutert, wie man Silber im Feuer läutert; du hast uns in die Schlinge geraten lassen, hast drückende Lasten auf unsere Schultern gelegt.‘ Und um zu zeigen, daß wir unter einem Oberen stehen müssen, fügt sie hinzu: ‚Du hast uns in die Gewalt von Menschen gegeben.‘ Sie erfüllen aber auch das Gebot des Herrn durch ihre Geduld bei Unrecht und Kränkung: Wenn sie auf eine Wange geschlagen werden, halten sie auch die andere hin; dem, der ihnen das Hemd wegnimmt, überlassen sie auch den Mantel; werden sie gezwungen, eine Meile mitzugehen, dann gehen sie zwei mit. Wie der Apostel Paulus ertragen sie falsche Brüder und Verfolgung und segnen die Menschen, die sie verfluchen.“[59]

Die sprachliche Ausdrucksweise der vierten Stufe ist unmißverständlich: Es ist die Sprache des Leidens, der Lebenshärte, des inneren Konfliktes, die Sprache der Läuterung. So darf schon jetzt ein Prinzip gelten:

- Ohne Läuterung ist ein Leben in Demut nicht möglich.

Zum Wachsen der Demut in der Persönlichkeit gehört die Erprobung der Leidensfähigkeit. Nicht das Bequeme des Lebens bietet der Demut einen Raum, weil alles Bequeme, Konfliktscheue, Verwöhnte die Auseinandersetzung mit dem eigenen Ich meidet. Demut hat etwas mit dem Standhaften, dem Bleiben, Verharren zu tun. Letztlich dient alles dies dem geistigen Wachsen. Der Geist der Demut hat einen tiefen Anteil am göttlichen Geist. Denn das Göttliche hat sich aus Demut inkarniert. Es hat seine Autonomie durchbrochen und sich dem Bewußtsein des Menschen durch mannigfache Zeichen offenbart. Auch Benedikt hat diese Zeichen erkannt und diesen Weg zur Demut beschrieben und beschritten. Insofern ist die Läuterung der vierten Stufe göttlichen Ursprungs.

> „Auf der fünften Stufe der Demut bekennt der Mönch seinem Abt demütig, und ohne etwas zu verbergen, alle bösen Gedanken, die in seinem Herzen aufsteigen, und alles Böse, das er heimlich getan hat. Dazu mahnt uns die Schrift mit den Worten: ‚Offenbare dem Herrn deinen Weg und vertraue ihm!‘ Sie sagt auch: ‚Bekennt dem Herrn; denn er ist gütig; denn ewig währt sein Erbarmen.‘ Und der Prophet sagt: ‚Ich bekannte dir meine Sünde, und mein Unrecht verhehlte ich nicht. Ich sagte: Ich will mich anklagen und vor dem Herrn mein Unrecht gestehen. Da hast du alle Schuld meines Herzens verziehen.‘“[60]

Demut ist auch Eingestehen der eigenen Unzulänglichkeit. Weil der Weg zur Demut ein Hinfinden zur Selbstablösung ist, darf der Übende nichts für sich behalten. Auch nicht sein Schuldigwerden. Die Hingabe des ganzen Lebens verlangt auch ein Abgeben der Schuld. Das Schuldige am Menschsein läuft in die Arme des Verzeihens, die das Göttliche durch einen Menschen ausbreitet. Schuld trägt wohl die Pflicht zum Bekenntnis in sich. Denn die Kain-Unruhe und Kain-Flucht setzen dauerhaft das selbst Geplante, das Ausweichen vor dem Bekennen, außer Kraft.

Das heilend Fruchtbare an einer persönlichen Beichte – nicht an einem öffentlichen nachkonziliaren Bußgottesdienst – ist das Hineinsehen in sich selbst und das Aussprechen des Erkannten. Dabei bricht der Beichtende den Widerstand des sich aufbäumenden Ichs, das seine vordergründige Ehre nicht verlieren möchte. Sich seelisch zu entblößen und mit einem Verzeihen umhüllt zu werden, das ist das Heilende an diesem Bekenntnis.

> „Auf der sechsten Stufe der Demut ist der Mönch mit dem Allergeringsten und Schlechtesten zufrieden, und bei jedem Auftrag, den er erhält, betrachtet er sich als schlechten

> und untauglichen Arbeiter. Er sagt sich mit dem Propheten: ‚Ich bin zunichte geworden und war ohne Verstand. Wie ein dummes Tier bin ich vor dir. Und doch bleibe ich stets bei dir.‘“[61]

In der Demut hat das Bewerten aufgehört. Ein Mensch ist zufrieden, wenn er in seinem Inneren „zum Frieden“ gekommen ist. Dorthin aber ist er gelangt, nachdem er seinen Selbstwert neu bedacht hat. Alles Werten baut auf den Maßstäben des Ichs auf. Auch der Selbstwert im psychologischen Sinne schafft ein solches Wertbewußtsein. Doch es bleibt ein vom Ich ausgehendes Wahrnehmen. Deshalb vermag die ständige Ich-Behauptung eines Menschen ihm nur einen relativ positiven Wert zuzusprechen. Der wahre Wert wird dem Menschen von der Transzendenz verliehen.

> „Auf der siebten Stufe der Demut bekennt sich der Mönch nicht nur mit Worten als den Niedrigsten und Geringsten von allen, sondern ist davon auch im innersten Herzensgrund überzeugt. Er demütigt sich und sagt mit dem Propheten: ‚Ich bin ein Wurm und kein Mensch, der Leute Spott, vom Volk verachtet. Ich habe mich erhoben, da wurde ich erniedrigt und beschämt.‘ Und wieder: ‚Es war gut für mich, daß du mich gedemütigt hast; so lernte ich deine Gebote.‘“[62]

Vieles von dem bisher Gesagten kehrt mit unverminderter Strenge wieder. So auch das Stolze im Menschen. Der Stolz hindert einen Menschen daran, sich selbst tiefer zu begegnen. Es ist wohl die Angst vor der Untiefe, die den Hochmütigen in seinem Überheblichen erstarren läßt. Der Hochmut hat die Verbindung zum Werden der Persönlichkeit verloren, und deshalb ist seine Haltung so unbeweglich. Wenn der Stolze gedemütigt wird, dann bricht sein schwacher Halt zusammen. Dann erst kann das Annehmen seiner selbst beginnen.

> „Auf der achten Stufe der Demut tut der Mönch nur das, wozu die gemeinsame Regel des Klosters und das Beispiel der Älteren mahnen.“[63]

Allmählich hat sich die Verwandlung auch im Inneren vollzogen. Der Mensch hat das Eigene aufgegeben, weil ihm das Besitzlose wertvoller erscheint. Das Hineinblicken in sein Inneres schmerzt ihn nicht mehr, weil die Leere für die Fülle bereit ist. So kann ihm die Regel des Ordens zur spirituellen Begleitung werden, das Beispiel der Älteren zu lebendigem Nachahmen ermuntern.

> „Auf der neunten Stufe der Demut hält der Mönch seine Zunge vom Reden zurück, bleibt still und redet nicht, bis er gefragt wird. Lehrt doch die Schrift, daß man beim vielen Reden der Sünde nicht entgeht und daß der Schwätzer auf der Erde keine Richtung hat.“[64]

Wieder vereinigen sich Schweigen, Gehorsam und Wort. Sie wohnen dicht nebeneinander, im Hause der Demut. Nur das Notwendige sprechen, sich nicht aufdrängen und hineindrängen in das ruhige Beieinander. Doch wenn die Bitte den Schweigenden erreicht, sich zu öffnen, dann spricht der Gebetene klar, durchdacht und verständlich. Das Sprechen aus der Demut heraus will nur noch preisgeben, was es in sich trägt, aber nicht mehr sich selbst propagieren. Denn der Demütige hat sich vom Lauten entfernt.

> „Auf der zehnten Stufe der Demut ist der Mönch nicht leicht zum Lachen bereit, weil geschrieben steht: ‚Nur der Tor bricht in schallendes Gelächter aus.‘“[65]

Es ist hier nicht das Freundliche eingesperrt, sondern das Ungestüme. Denn mit der Demut reift eine stille Freude heran, die das Wesen des Demütigen erfüllt und auf andere ausstrahlt. Das schallend laute Lachen rückt sich selbst noch zu stark in den Mittelpunkt und will beachtet werden. Das offene Lachen der Seele hat eher im Gesang seine Bleibe gefunden. Es ist eine elementare Eigenart der Demut, nach Jahren der seelischen Vereinigung mit einem Menschen die Stille zu feiern, nicht aber den lärmenden Auftritt.

> „Auf der elften Stufe der Demut spricht der Mönch, wenn er redet, freundlich und ohne zu lachen, bescheiden und

> gesetzt; er sagt wenige und überlegte Worte und macht kein Geschrei, wie es in einer Schrift heißt: Den Weisen erkennt man an der Kürze seiner Rede."[66]

Das ganze habituelle Erscheinungsbild des Demütigen strahlt glaubwürdige Zurückhaltung aus. Das Heftige ist gewichen und hat alles Schreiende mitgenommen. Der ganze Mensch ist selbst bewußtes Sprechen geworden. Der Sturm des Überflüssigen hat sich gelegt, und der demütig Sprechende ist mit seiner höflichen Prägnanz geblieben. Seine Sprache verzichtet auf das werbende Mehr, in dem der Weltklang noch nachtönt. Das Wort wird auf seine Urbestimmung zurückgeführt. Von dort zieht es aus und begegnet dem Schweigen der Demut und wirkt eindringlich fordernd und überzeugend. Wenn das Gesprochene in das Schweigen hineinfällt, schafft es sich eine neue Gültigkeit. Denn es ist lange vom Sprachlärm entkleidet und zeigt sich wieder in seinem ursprünglichen Bestimmtsein. Der Demütige hat begonnen, sich mit der Weisheit anzufreunden. Da auch die Weisheit das unaufdringlich Gesprochene liebt, wird sie dem Demütigen eine unsterbliche Mutter sein.

> „Auf der zwölften Stufe der Demut ist der Mönch nicht nur im Herzen demütig; auch an seinem ganzen äußeren Verhalten kann man seine Demut jederzeit erkennen: beim Gottesdienst, im Oratorium, im Kloster, im Garten, unterwegs, auf dem Feld, kurz überall; mag er sitzen, gehen oder stehen, senkt er stets den Kopf und richtet den Blick auf den Boden. Wegen seiner Sünden hält er sich jederzeit für schuldig und denkt, er sei bereits vor das schreckliche Gericht Gottes gestellt. Ständig wiederholt er in seinem Herzen die Worte des Zöllners im Evangelium, der den Blick auf den Boden richtete und sagte: ‚Herr, ich Sünder bin es nicht wert, meine Augen zum Himmel zu erheben.' Und mit dem Propheten sagt er: ‚Gebeugt bin ich und tief gedemütigt.'"[67]

Wer ganz von der Demut durchdrungen ist, in einer tiefen spirituellen Beziehung lebt, hat offensichtlich nicht mehr das Bedürfnis, mit der

Welt zu kommunizieren. Der Mönch, der ganz erfüllt ist von einem neuen, durch das Göttliche inspirierten Wertgefühl, hat nunmehr ein Maß erhalten, an dem er sich messen kann. Es ist nicht mehr der Zwang zur Welt hin, sondern zu einem Dialog mit dem Göttlichen in ihm selbst. So ist es erklärbar, daß ein gesenkter Kopf sich auf den eigenen Körper besinnt und nicht die Ablenkung durch das Herumschauen sucht. Im Dialog mit dem Selbst lebt der Mönch ständig in der Gegenwart. In dieses Gegenwärtigsein greift noch manchmal etwas Früheres hinein, das ihn bisweilen ablenken könnte. Doch die Arbeit, die er verrichtet, bindet ihn wieder ganz an die Gegenwart. Sich immer wieder das eigene Sündhafte einzugestehen, das ist keine neurotische Form von ständigem Schuldbewußtsein, von pathologisch Skrupulösem. Diesem Gefühl steht ja das Wertgefühl von göttlichem Geliebtsein gegenüber. Nein, Schuld und Sünde bedeuten im Zusammenhang mit Demut das Bewußtwerden eigener Unvollkommenheit gegenüber dem vollkommenen Absoluten. Das Wahrnehmen persönlichen Begrenztseins regt zu immer neuem Nachdenken über sich selbst an.

> „Hat nun der Mönch alle diese Stufen der Demut erstiegen, dann gelangt er bald zu jener Gottesliebe, die vollkommen ist und die Furcht vertreibt. In der Kraft dieser (Liebe) beginnt er, alle Vorschriften, die er bisher nur aus Angst beobachtete, jetzt ohne Mühe, infolge der Gewöhnung wie von selbst zu erfüllen, nicht mehr aus Furcht vor der Hölle, sondern aus Liebe zu Christus, und weil das Gute ihm zur Gewohnheit, die Tugend zur Freude geworden ist. Diesen Zustand der Vollendung wird der Herr durch den Heiligen Geist huldvoll an seinem Arbeiter offenbar machen, der frei geworden ist von Fehlern und Sünden.“[68]

Der Mönch ist am Ende der Leiter, wohl meistens auch am Ende eines längeren Lebensabschnittes angelangt; denn der mönchische Weg zur Demut ist ein größeres Stück des Lebensweges. Dieser Weg ist ganz und gar eingebettet in die Welt des Glaubens. Der Glaubende ist dankbar, daß es für ihn diesen Weg gibt.

Der Weg zur Demut ist zugleich auch ein Weg der Verwandlung: von der Eigenliebe zur Liebe des Göttlichen im Inneren der Persönlichkeit. Aber es ist auch ein Weg der Härte, der Strenge. Das menschliche Ich hat viel von seiner problematischen Ursprünglichkeit hinter sich gelassen und geht den Weg christlichen Nachfolgens. Entscheidend aber wird das Handeln sein; daran letztlich wird auch der Demütige für den anderen erkennbar: am Handeln für das Du. Ein Sozialgebilde – nicht nur ein Kloster – wird schließlich vom Handeln seiner Mitglieder füreinander getragen. Wenn über dem Weltlichen nur ein Hauch von Demut läge, fiele das gegenseitige Ertragen erheblich leichter.

2. Demut und Selbstwert

Wir wollen uns im folgenden mehr dem weltlichen Begriffsverständnis von „Demut" zuwenden. Das althochdeutsche „diomuoti" bedeutet „Mut zu dienen, dienende Gesinnung". Die lateinische Entsprechung „humilitas", die wir mit „Niedrigkeit, Erniedrigung, Unbedeutendheit" übersetzen können, gibt die Sinngenauigkeit von „Demut" in ebenso angemessener Weise wieder. Zur Wortgeschichte von „Demut" sei darüber hinaus noch gesagt, daß ihre semantische Zuordnung in die christliche Geisteswelt gehört, wie wir dies bei Benedikt gesehen haben.Über das Frühchristliche hinausgehend, besitzt die Demut als Tugend auch für das gegenwärtige Leben eine elementare Bedeutung.

- Demut bildet das Fundament für eine glaubwürdige Führungskultur.

Weil die Demut nur sehr schwer im Zwischenmenschlichen des heutigen Führens erkennbar ist, unterliegt auch die Führungskultur zahlreicher Führender erheblichen Zweifeln. Führende der Wirtschaft und Politik prallen oftmals in ihren täglichen Interaktionen unversöhnlich aufeinander. Die Kampfdialektik ist die Mutter solcher

Kommunikation, das Siegenwollen um jeden Preis beherrscht den Bewußtseinsinhalt. Es ist wirklich fraglich, ob in einer so gearteten Gesprächskultur das Demutsvolle jemals eine Chance erhält. Und dennoch ist es notwendig, weil es zur Humanisierung des Menschseins sehr bedeutend beiträgt. Was heißt nun „Demut“?

- „Demut“ ist freiwilliger, absichtsloser Verzicht auf sich selbst. Sie bezeichnet damit eine Wesenshaltung, die sich ganz und gar für das Menschsein geöffnet hat.

Ich will auch sagen, was Demut im Heutigen nicht ist:

- sie bedeutet keine Unterwürfigkeit
- sie bedeutet keine schmeichelhafte Höflichkeit
- sie bedeutet keine selbstzerstörerische, selbstquälende Haltung
- sie bedeutet kein Kokettieren mit der eigenen Unzulänglichkeit
- sie bedeutet kein Mitleidsuchen beim anderen
- sie bedeutet keine Selbstanklage vor anderen
- sie bedeutet nicht, sich jeden Tag mit Mindergefühlen zu überschütten
- sie bedeutet nicht, im anderen Schuldgefühle zu initiieren
- sie bedeutet nicht, in sich selbst ständig Schuldgefühle hervorzurufen
- sie bedeutet nicht, ständig eigene Hilflosigkeit und Schwäche zu verbalisieren

Die Demut ist von einer weitgehenden Bedürfnislosigkeit bestimmt.

- Der demütige Mensch lebt nicht spekulativ und ist nicht von Erwartungen an den anderen gesteuert.

Wie ist das alles gemeint?

Demut bedeutet zuerst etwas Intrapersonales, also allein auf das Innere der Persönlichkeit Bezogenes. Es ist die Beziehung zwischen dem Ich und dem Selbst. Mit „Selbstwert“ ist hier das Bewußtsein eines Menschen bezeichnet, das von dem Wissen um das Einwohnen des Höheren Selbst in der eigenen Persönlichkeit getragen wird. Der

Selbstwert eines Menschen ist der höchste immaterielle Wert und ist nicht von außen verliehen. Der Prozeß der Wahrnehmung des Selbstwertes ist meist unterschiedlich gestaltet. Die meisten Menschen nehmen ihren Selbstwert erst nach schweren persönlichen Krisen und Schicksalsschlägen wahr. Sie absolvieren dadurch eine Phase der „Demütigung", die sie später als klärend und reinigend für ihr Lebensgefühl bezeichnen. Es ist wohl müßig, darüber zu spekulieren, ob es eine Regelung, eine Ordnung geben könnte, nach der sich das Selbst im Menschen unbedingt mitteilen müßte. Gäbe es ein solches Prinzip, so würde sich das Ich aus Angst bald dieses Prinzips bemächtigen und eigennützig manipulativ tätig werden. Das Wissen um den Selbstwert nun verleiht der eigenen Persönlichkeit ein Grundgefühl, die eigene Unbedeutendheit nicht negativ zu bewerten.

- Nur wer sich wirklich für unbedeutend hält, kann glaubwürdig gestaltend wirken.

Dies kann er deshalb, weil kein eigennütziges Motiv erkennbar wird. Damit aber wird ein demütiger Mensch auch liebesfähig. Ich meine daher:

- Die wahre, uneigennützige Liebe ist ein Kind der Demut.

Damit leite ich zum zweiten Aspekt der Demut über: zum Interpersonalen. Hier spreche ich das Zwischenmenschliche an. Es hilft einem demütigen Menschen wenig, sich selbst als demütig zu erleben. Nicht, daß die Demut eine Bestätigung wünschte. Sie benötigt dennoch das Interpersonale, um vom anderen Menschen als Demut erlebt zu werden. Gewiß besitzt die Demut für sich genommen auch vor dem Göttlichen einen ihr angemessenen Stellenwert. Doch durch das Nachaußenwenden ihrer mitmenschlichen Intentionen schafft sie die Atmosphäre des Humanen, des Liebenswürdigen.

- Demütige Menschen sind wahrhaft dienende Persönlichkeiten. Dienen und Helfen sind in ihnen verschmolzen.

Hier nun erreicht die Demut ihre Ursprünglichkeit wieder. Denn die „dienende Gesinnung", die ihr seit ihrer Wortentstehung zu eigen ist, überstrahlt alles Zwischenmenschliche überaus deutlich. Alle wirklich dienenden Tätigkeiten sind unbeabsichtigte Einübungen zur Demut hin. Der dienende Mensch handelt gern für das Du, weil er durch sein Tun der Verwirklichung seines Selbstwertes Raum gibt. Im Dienen erblickt der Demütige keinen Verlust seines Ansehens. Nur Menschen mit Mindergefühlen scheuen sich, „niedere" Arbeiten zu verrichten. Das ist verständlich, denn die Mindergefühle fesseln den Menschen so sehr an seine unbewältigte Ich-Problematik, daß er Aufforderungen zum Dienen als belastend empfinden wird.

Führende, die für sich persönlich nichts erwarten, wachsen durch die Demut in ihrer Glaubwürdigkeit. Gerade solche Vorgesetzte werden respektiert, weil sie eine sittliche Führungskultur vorleben, die oftmals eine Ausnahme bedeutet. Von den Geführten erhält ein solcher Führender gern und freiwillig Anerkennung für sein Dasein und sein Sosein.

Für das überzeugende Wirken der Demut ist ganz allein die Herzenshaltung eines Menschen ausschlaggebend.

- Wer die Demut lebt, denkt nicht über sie nach. Er hält vielmehr den inneren Dialog mit seinem Selbst. Das gibt ihm die Gewißheit, im uneigennützigen Sinne zu handeln.

3. Demut und Bescheidenheit

Ist mit unserem ausklingenden 20. Jahrhundert das Ende von Demut und Bescheidenheit gekommen? Oder zwingt gar der Abschied dieses Jahrhunderts mit seinen vielfachen Unwägbarkeiten zu mehr Rückkehr und Bescheidenheit? Vielleicht hat es auch – wie bei der Demut – im Verstehen von „Bescheidenheit" einen inneren Wandel gegeben. Aus einem früher bescheidenen Lebensstil ist eine auffallendere, anspruchsvollere Lebensführung geworden. Allenthalben lebt ein großer Teil der zivilisierten Welt in Erwartungen an das ihn Umgebende. Die Tendenz des Erwartens scheint sich bedenklich zu verstärken.

Was meint nun „Bescheidenheit"?

Das Wesen der Bescheidenheit ist das Sich-nicht-Aufdrängen, das Nicht-hervor-Treten, das Bleiben im Hintergrund. Manchmal sieht man im Bescheidenen, z.B. in der Erziehung, einen positiven Persönlichkeitszug. So geben „artige und bescheidene" Kinder keinen Anlaß zur Bestrafung, weil sie sich den Vorstellungen ihrer Eltern gemäß verhalten. Doch dies ist wohl ein „sittlicher" Trugschluß. Eine auferlegte, erzwungene Bescheidenheit ist keine Tugend. Es ist lediglich ein Verhalten, das Eltern aus ihrer Vorstellung von Kindsein produziert haben. Die Erziehung zur Bescheidenheit gerät leicht zur Dressur. Dadurch entsteht oftmals ein Zwiespalt zwischen dem Abgerichtetsein des Kindes und seinem wirklichen inneren Wollen.

- Wer Bescheidenheit als Norm empfindet, wird bald gegen sie opponieren.

Bescheidenheit ist eine Tugend des rechten Maßes. Ihre Genügsamkeit und Zurückhaltung rückt sie in die Nähe der im alten Griechenland gerühmten Besonnenheit. Die Bescheidenheit fordert von einem Menschen das Maßvolle ein: nichts über seine Bedürfnisse hinaus zu verlangen, sich nicht in die Maßlosigkeit zu verlieren. Aus einem Leben in Maßlosigkeit hat sich eine soziale Arroganz entwickelt, die den Begriff der „Bescheidenheit" gar pervertiert. Das Wort „bescheiden" taucht oft in einem abwertenden, abschätzigen oder verkleinernden Sinne auf. Jemand, der in bescheidenen Verhältnissen lebt und mit einem bescheidenen Einkommen nur bescheidene Wünsche äußern kann, genießt kaum noch soziales Ansehen.

An dieser Stelle seien einige Gedanken zum „Wachstum" eingefügt. Das wirtschaftliche Wachstum nämlich sprengt jeden Ansatz zur Bescheidenheit. Die Wirtschaftsordnung der freien Marktwirtschaft kann auf die Dauer ohne Wachstum nicht existieren. Dies allerdings bedeutet auch Wachstum im Verbrauch, im Energiebedarf und in der Belastung der Umwelt. Der systemimmanente Zwang zum Wachstum hat das ganze kollektive Bewußtsein unserer Gesellschaft erfaßt. Die menschliche Persönlichkeit ist nicht mehr in der Lage, ihrem inneren Wunsch nach Wachstum (dem Mehr und Haben-Wollen) Einhalt zu gebieten. Das, was die Menschen an Systemen in ihrem gesellschaftlichen Dasein hervorgebracht haben, können sie nun selbst nicht mehr beherrschen. An die Stelle des wahrhaft Göttlichen ist der Götzendienst des Konsum- und Wachstumsalltags getreten. Begünstigt durch die moderne Industrie, hat der Mensch begonnen, die Erde zu erwürgen. Er hat sie nicht gehütet und bewahrt, sondern auf dem Altar seiner Egoismen geopfert. Aus der sittlichen Sicht ist deshalb zu sagen:

- Die Erhaltung der Natur hat Vorrang vor dem Wirtschaftswachstum.
- Der Mensch ist nicht Herr des Geschaffenen, sondern nur sein Verwalter und Hüter.
- Die Entwicklung der Technik darf nicht um jeden Preis stattfinden.
- Nur ein sittlicher Neubeginn führt zu gesellschaftlich Konstruktivem.

Vom Sog des Unbescheidenen sind viele Gruppierungen der Gesellschaft erfaßt: Dieser Verein möchte ein noch größeres Klubheim bauen als der Nachbarverein; dieser Minister braucht für sein Imperium noch weitere Dienstgebäude; dieser Pfarrer wünscht ein noch attraktiveres Gemeindezentrum; möglichst alle Kinder dieser Familie sollen das Gymnasium besuchen; dieser Manager verzichtet nicht auf eine weitere Erhöhung seines ohnehin schon exklusiven Jahreseinkommens, und jener Manager plädiert für ein noch schnelleres Auto. Die Gier nach dem Mehr – in welcher Form auch immer – stellt stets eine Verletzung der Bescheidenheit dar. Das Unbescheidene in der Kommunikation schiebt den Schreihals in den Vordergund, und der Wichtigtuer sonnt sich bei seinen überzogenen Darstellungen in der

Aufmerksamkeit seiner Zuhörer. Ebenso verstößt der Hochmütige und Eingebildete gegen die Bescheidenheit. Dagegen bezeichnen wir als „falsche Bescheidenheit“ jene Zurückhaltung, in der ein Mensch aus Verlegenheit oder Unsicherheit die Blockade seines psychischen Antriebes zu erkennen gibt.

Im Vergleich zur Demut ist die Bescheidenheit häufig ein Willensakt. Zwar kennzeichnet auch die Bescheidenheit das Verhältnis eines Menschen zu sich selbst, aber sie wird bewußter gelebt als die Demut. Der bescheidene Mensch kennt für sich selbst das rechte Maß. Weil er dies weiß, erfüllt ihn dieses Bewußtsein mit Gelassenheit und innerer Sicherheit. Er schöpft aus seinem Bescheidensein eine Überlegenheit, die ihn letztlich mehr sein als scheinen läßt. Das Unaufdringliche legt einen Schleier sanfter Distanz auf das Erscheinen eines solchen Menschen. Doch das Erscheinen bleibt sichtbar, wenn auch in einer subtilen Art. Vielleicht ist die Bescheidenheit ein Gesicht der Demut, aus dem sie ruhig und erwartungsvoll auf das Kommende blickt.

4. Demut und Geduld

Die Geduld und die Demut gehören sehr eng zueinander. Beide müssen sie auch beieinander bleiben, soll das Ausgewogene eines Menschen in die kommunikative Welt hineinwirken.

- Wahre Demut erkennt man an der Geduld.

Die Geduld hat sich aus der Demut erhoben und nimmt die Güte des Demütigen mit in das Gespräch. Die Geduld gibt die Güte der Demut weiter an den anderen Menschen. Weil Demut und Geduld aufs engste verbunden sind, hat die Geduld schon ihr Wesen gezeigt: den anderen Menschen zu ertragen.

Das Zusammensein von Demut und Geduld ist für beide notwendig. Wo die Geduld im menschlichen Wesen erscheint, hat ihr die Demut den Weg bereitet. Wo die Demut zu wirken beginnt, bringt sie die Geduld als Helferin mit. Der demütige Mensch kann warten, weil er ohne einen besonderen Anspruch in das Gespräch eintritt. Das Warten ist nichts Belastendes, sondern ein Hineinhören in das Kommende.

Von der Demut und der Geduld geht niemals Gefahr aus. Ein ängstlicher Gesprächspartner kann sich von der Demut des anderen umsorgt und von seiner Geduld anerkannt fühlen. Weil der Demütige keine Erwartungen hegt, öffnet er für den Sprechenden den Raum der Kommunikation. Die Geduld des Demütigen vertreibt den anderen nicht. Ja, er kann sich in der Geduld geborgen wissen. Die Demut des Sprechenden bestraft nicht. Sie wendet sich dem anderen zu und gibt Zeichen ihrer Geduld. Ein solches Zeichen ist das Schweigen, das freundliche Anschauen, das beruhigende Atmen. Überall, in allen Phasen des Gespräches, ist die Demut anwesend. Ein wirklich Demütiger kann sie nicht mehr ablegen wie ein altes Kleid. Und mit der Demut bleibt auch die Geduld beim Zuhörenden. Sie ist der Edelstein des Gespräches. Die Demut des Zuhörenden läßt das Sprechen größer werden, bis es den ganzen Raum füllt. Die Demut drängt den anderen nicht zurück. Sie leiht ihm ihr Ohr. Bis er selbst spürt, daß er die Geduld zu sehr ermattet haben könnte. Der demütige Mensch nimmt sein ganzes Dasein zurück, auf daß der andere Partner sich selbst besser wahrnehmen könne. Er widmet dem anderen Zeit, und darin wohnt die Geduld.

Der Demütige strahlt Verstehen aus. Er ist nicht abweisend, weil er selbst sich dem Sprechenden nicht entgegenstellt. In seiner Geduld gibt er das Verweilen zu erkennen. Aus dem Verweilen schließlich formt sich das Wollen, die Zuwendung zum anderen. Demut und Geduld führen zum „höchsten sittlichen Gipfel“: zur Würdigung des Mitmenschen. Mit „Würde“ meine ich die Achtung vor der Persönlichkeit des anderen. Demut und Geduld begegnen dem Mitmenschen mit Sorgfalt und Zurückhaltung. Sie bedrängen ihn nicht mit dem Eigenen und würdigen seine Haltung. Darin liegt die Schönheit solcher Kommunikation, daß sie das Menschsein mit aufrichtigem Interesse paart.

5. Demut und Gehorsam

Treten wir aus dem benediktinischen Gehorsam heraus und lassen im Inneren das Selbst sprechen, so hören wir seine Mahnung, ihm zu folgen. Demut und Gehorsam meinen den Dialog im ganz Persönlichen des Menschen. Es ist das Zwiegespräch zwischen dem Ich und dem Selbst. Nicht das Außen ist mehr an diesem Gehorsam beteiligt, sondern allein das innere Verfügen über den Willen des Ichs. Wenn der demütige Mensch, da er um seinen Selbstwert weiß, seinen Eigenwillen weitgehend aufgelöst hat, dringt dennoch mancher Rest des Ichs an sein inneres Ohr. Denn das Ich bäumt sich auf gegen seine Ablösung durch das Selbst im Bewußtsein des Menschen. Auch der Demütige sieht noch die Fallen am Rande seines Lebensweges, die ihn in die Zeiten der Ichverhaftung versinken lassen wollen. Doch das innere Widerstreben gegen die Fesseln des Ichs ist stärker geworden. Wenngleich das Widerstehen notwendig ist, um das Dasein des Ichs noch zu verspüren.

Im Leben der Demut ist ja das Ich nicht aufgelöst; aber es atmet schwer, weil ihm im Wesen des Menschen nur noch ein kleiner Raum geblieben ist. Das äußerliche körperliche Ich erscheint wohl als der noch am meisten beeindruckende Rest. Da das Ich nun kleiner geworden ist, da es der Demut des Selbst weichen mußte, ist auch der Ruf seiner Stimme dünner geworden. Ganz verstummen kann er nicht, denn er verkündet noch das Lebendige, das seinen Lauf in Zeit und Raum nehmen muß.

Der Gehorsam des Demütigen widmet sich ganz dem Selbst, wenn auch dieses aus der Tiefe des Wesens Hervortretende nicht immer das Leichte einfordert. Sich aber gelegentlich wieder an die Demut gemahnen zu lassen, das ist hilfreich und schöpferisch. Schöpferisch, um aus der Demut neue Interaktionen einzuleiten, die den Sinn des Gehorsams aufs neue erleben lassen.

Im Innen des demütigen Menschen ist es oft still. So, als warte der Mensch auf ein Zeichen des Selbst, dem er folgen will. Wenn der

Mensch im Gehorsam lebt, teilt sich das Göttliche in ihm nicht immer mit. Denn dann befindet er sich in Harmonie mit seinem Wesensurgrund. In Harmonie zu leben heißt auch, sich mit dem Metaphysischen eins zu fühlen. Letztlich ist Gehorsam das Führenlassen durch das Selbst zu diesem Einssein hin. Aus dem Einswerden steigt eine Verwandlung auf, die das Ich nur noch körperlich, nicht mehr aber geistig existieren läßt.

6. Demut – Klugheit – Weisheit

Viele Philosophen haben die Demut als den Beginn von Weisheit bezeichnet. Beiden – der Weisheit und der Demut – liegt dieselbe Voraussetzung zugrunde: die Bereitschaft zur Selbsterkenntnis. Doch noch eine dritte Tugend drängt sich in diese Überlegungen hinein: die Klugheit. Dieser Zusammenhang sei etwas näher verdeutlicht.

Es scheint, als sei in unserem Alltagsleben die Klugheit als die häufiger anzutreffende Tugend erkennbar. Jemand wird als ein „kluger Kopf" bezeichnet, was wohl andeuten könnte, wo die Klugheit im Menschen angesiedelt sei. Hier ist wohl das Gesamt der Intellektualität gemeint. Damit gepaart ist meistens das positive Urteil über einen Menschen, er sei ein Mensch mit viel Einsicht und scharfem Denken. Das Scharfsinnige im Denken ist auch heute noch ein Attribut der Klugheit. Bei allem theoretisch Disziplinierten deutet die Klugheit auch auf eine praktische Lebensorientierung hin. Die Umstände seines Lebens richtig einzuschätzen und danach zu handeln, das kennzeichnet einen Menschen mit einem klaren Realitätsbezug. Manche Menschen sind aus Erfahrungen und aus Schaden nicht klug geworden; womit gemeint ist, sie haben keine wirkliche Lebensnähe praktiziert.

Zu dieser Lebensnähe gehört auch, die Übersicht, Umsicht und Weitsicht für sein Leben nicht zu vernachlässigen. Durch sein Handeln die möglichen Konsequenzen zu bedenken, das Unberechenbare weitgehend auszuschließen, das ist ebenfalls ein Ausdruck von

Klugheit. Sich auch möglichst wenig Hindernisse vom Leben in den Weg stellen zu lassen ist eine weitere verständliche Absicht des klugen Menschen. Doch darin liegt auch ein Schatten der Klugheit: egoistisch, selbstbezogen, sich selbst absichernd zu sein. In der Geschichte des Wortes „Klugheit“ steckt nämlich auch das „Listige“. Das Listige aber ist letztlich immer auf das Ego bezogen. Der Klugheit eignet damit auch etwas Berechnendes, das den eigenen Vorteil nicht aus den Augen läßt. Manchmal gibt der Klügere eben dieses Berechnenden wegen nach, nicht jedoch aus Einsicht in das Rechthaben des anderen. Das Denken des Klugen befähigt ihn, zu erkennen, ob es bei Konflikten oder Streitigkeiten auch für ihn etwas zu ernten gibt. Seine Klugheit bewahrt ihn davor, sich unnütz an nicht Ergiebiges zu verschwenden. In der Klugheit hat sich ein Mensch den Sinn für den eigenen Nutzen bewahrt. Ganz im Gegenteil zu einem Liebenden. Ein liebender Mensch wägt seine Vorteile nicht ab. Er handelt aus Hingabe für den anderen. Wohl auch deshalb schließen sich Klugheit und Liebe einander aus.

Aus dem Geschick des Klugen, mit dem Leben in einer bestimmten Weise umgehen zu können, ist allmählich das Wort von der „Lebensklugheit“ entstanden. Es meint, sich in schwierigen Lebenssituationen passend zu verhalten. Das schließt ein gelegentliches Angepaßtsein im opportunistischen Sinne nicht aus. Dennoch kann es geschehen, daß auch ein passend Vorgeplantes und alle fein ausgedachten Berechnungen von der Hand des Lebens über Bord geworfen werden. Hier kann die inzwischen gewonnene Lebensklugheit manche neue Voraussetzung für eine erfolgreiche Lebensgestaltung schaffen.

Dies meint auch das Gleichnis von den „klugen und den törichten Jungfrauen“. Die klug gestaltete Lebenspraxis vergißt das umsichtige Beobachten der Lebensbedingungen nicht.

Die Weisheit nun bezeichnet eine andere Sicht von Leben, Persönlichkeit und Weltbezug. „Weisheit“ wird oft als eine Tugend des Alters apostrophiert. Auch die Bilder, auf denen weise Menschen dargestellt sind, geben sie als reife, ergraute und würdige Persönlichkeiten wieder. Oftmals löst eine solche Darstellung beim Betrachter die Erinnerung an Menschen aus, die durch die Härte und das Kämpfende des Lebens gegangen sind. So hat sich der Begriff von der „Lebensweisheit" langsam herausgebildet. Er meint jedoch etwas anderes als die „Lebensklugheit". Zur Weisheit – so verrät ihre Wortgeschichte – gehört Wissen, und dieses wiederum entstammt dem „Erkannten, Gesehenen". Ein wissend-weiser Mensch ist ein sehender Mensch, der das Geschaute in sein Leben aufgenommen hat. Das Sehen hat ihn befähigt, auch Künftigem gelassen entgegenzusehen. Der Weise hat Abstand gewonnen von dem vordergründig Einstürmenden. Hier ordnet sich eine Aussage von Rupert Lay über einen weisen Menschen gut ein:

> „Weise ist ein Mensch, der über ein entwickeltes und verinnerlichtes Lebenswissen über die Grundfragen menschlicher Existenz verfügt und dieses Wissen im Urteilen und Handeln für sich und andere praktisch macht. Weisheit zeigt sich in schwierigen menschlichen und zwischenmenschlichen Situationen. Ein weiser Mensch ist stets tolerant und vertrauenswürdig. Er kann zuhören und meistert schwierige Lebenssituationen. Dazu gehören Kenntnisse über Aufgaben und Ziele der eigenen Existenz in ihrem sozialen und geschichtlichen Wandel. Der weise Mensch verfügt also über eine Orientierung im Werten, Handeln und Entscheiden und folgt seinem optimal geordneten Kompaß. Hektik und Dogmatik korrelieren signifikant negativ mit Weisheit."[69]

Schon deshalb, weil zur Weisheit eine lange und vielgesichtige Erfahrung gehört, ist sie bevorzugt einem älteren Menschen eigen. Der Weise verwendet seine Erfahrung jedoch nicht, um sich abzusichern oder mit dem Leben listig umzugehen. Vielmehr gilt:

- Weisheit will nicht das Leben beherrschen, sondern es verstehen.

Der weise Mensch sieht im Vordergründigen das Hintergründige, im Besonderen das Allgemeine. Diese Sicht führt den Weisen zu einem tieferen Verstehen von Menschsein. Die Herzensgüte, die aus diesem Verstehen erwächst, ist ein Ausdruck fundamentaler Lebensakzeptanz. Als Ratgeber ist der weise Mensch eine Persönlichkeit, die sich in ihrem Ratgeben – anders als der Kluge – in einer tiefen sittlichen Verantwortung weiß. Der Weise urteilt aus einem Abstand heraus, er ist souverän, weil aus ihm sein inneres Gereiftsein spricht. Diese beinahe irdische Losgelöstheit von Vordergründigem läßt auch manches Ergebnis seiner Lebensreflexionen in markanten Aussagen, wie etwa Spruchweisheiten, hervortreten. Der Rat des Weisen wird auch manchmal ausbleiben, weil ihn sein sittlicher Respekt vor der Persönlichkeit des anderen dazu auffordert, im Urteilen zurückhaltend zu sein.

Die Demut steht nahe bei der Weisheit, nicht aber bei der Klugheit. Der Demütige trägt das Bild des Weisen in sich, vor allem deshalb, weil er einen großen Teil seiner Selbstüberwindung bewältigt hat. Zur Weisheit gehört die Selbstablösung ebenso, wie sich auch die Demut durch sie auszeichnet. Der demütig-weise Mensch hat im Laufe der Jahre eine hierarchiefreie Kommunikationskultur entwickelt. Sie gehört zu seinem Wesen, da er kein Bedürfnis nach Herrschen (mehr) in sich trägt. So wird er in all seinen Aussagen berücksichtigen, daß der Gesprächspartner für sich selbst einen Freiraum zur Entscheidung beanspruchen kann. Das bevormundende Sprechen verschließt diesen Freiraum sehr rücksichtslos. Damit aber entfernt es sich von jeder Sittlichkeit. Es bleibt eben weltlich und nicht spirituell.

V. Kapitel
Über das Handeln

1. Spiritualität und Handeln – Das benediktinische „Ora et labora"

Das Leben nach der Regel Benedikts verbindet das Geistliche mit dem Irdischen. So ist die Kurzformel „ora et labora – bete und arbeite" zu einer elementaren Maxime für das Mönchische des Abendlandes schlechthin geworden. Dieser Grundsatz faßt die Lebensgestaltung des Monastischen besonders im Benediktinerorden zusammen. Einige Kapitel der Regel sollen uns einen Einblick geben, wie sich das Spirituelle, das Gebetsleben der Benediktiner, gestaltet. Benedikt hat genau festgelegt, zu welchen Zeiten welche Gebete gesprochen und welche Psalmen gesungen werden sollen. Werfen wir einen Blick in das Kapitel 8 der Regel, das mit den Worten „Der Gottesdienst in der Nacht" überschrieben ist. Wir lesen dort:

> „Zur Winterzeit, das heißt vom ersten November bis Ostern, wird man bei vernünftiger Überlegung zur achten Stunde der Nacht aufstehen. So können die Brüder etwas länger als die halbe Nacht schlafen und dann ausgeruht aufstehen. Was nach den Vigilien an Zeit noch übrigbleibt, sollen die Brüder, die es brauchen, auf das Einüben der Psalmen und Lesungen verwenden. Von Ostern bis zum erwähnten ersten November wird die Zeit wie folgt festgesetzt: an die Feier der Vigilien schließt sich nach kurzer Pause, in der die Brüder für die leibliche Notdurft hinausgehen können, alsbald die Morgenfeier an, die bei Tagesanbruch zu halten ist."[70]

Von den übrigen Kapiteln seien lediglich die thematischen Überschriften genannt, da sie zum weiteren Verständnis dieses Buches nicht ausführlicher zitiert zu werden brauchen. Die streng geordnete

Folge der Gebete, sogar die Hinweise darauf, welche Gebete stehend oder sitzend gesprochen oder gesungen werden sollen – alles dies sagt sehr viel über die Verschmelzung zwischen Leib, Herz und Geist des spirituellen Menschen aus. Nun die einzelnen Kapitel-Überschriften:

„Die Zahl der Psalmen beim Nachtgottesdienst" (Kap. 9)
„Die Feier des nächtlichen Lobes zur Sommerzeit" (Kap. 10)
„Die Feier der Vigilien am Sonntag" (Kap. 11)
„Die Morgenfeier" (Kap. 12)
„Die Morgenfeier an den gewöhnlichen Tagen" (Kap. 13)
„Die Vigilien an den Festtagen der Heiligen" (Kap. 14)
„Die Zeiten des Alleluia-Gesangs" (Kap. 15)
„Der Gottesdienst unter Tags" (Kap. 16)
„Die Zahl der Psalmen bei diesen Gottesdiensten" (Kap. 17)
„Die Reihenfolge, in der die Psalmen zu singen sind" (Kap. 18)
„Das Verhalten beim Psalmensingen" (Kap. 19)
„Von der Ehrfurcht beim Gebet" (Kap. 20).

Im Gebet erhält die metaphysische Dimension des Menschseins ihren stärksten Ausdruck. Die Ordnung in der Gebetsfolge ist zugleich eine Disziplinierung des Geistes, der der Zügel bedarf, um rascher auf den Kern allen Betens, auf die Anbetung des Göttlichen, hingelenkt zu werden. Im übrigen ist das Normative des Gebetslebens für eine Gemeinschaft notwendig, um „eines Sinnes" zu sein und das spirituell Gemeinsame auch als Erlebnis der Gemeinschaft der Betenden entstehen zu lassen.

- Das gemeinsame Gebet bindet die Gemeinschaft aneinander. Es verwandelt die Pflicht zum Gebet in die Freude gemeinsamen Tuns.

Nun wird sich der Weltmensch schwerlich einem solchen Gebetsrhythmus und einer solchen Zeitgestaltung seines Alltags unterwerfen können. Schon gar nicht der Führende, der mancherlei Spontaneitäten zu bewältigen hat. So wie der Führende heute die Spiritualität des Klösterlichen nur noch schwer nachvollziehen kann, so empfindet der religiös Lebende das Geistliche im Leben des Führenden als stark verkümmert. Sind viele Führende deshalb in der Hierarchie aufgestiegen, weil sie sich der Religiosität oder Spiritualität entledigt haben? Hätte sie eine Verpflichtung zu christlicher Sittlichkeit vielleicht davon abgehalten, so zu handeln, wie sie als Manager häufiger schon gehandelt haben? Ich teile mit Max Picard die Auffassung, daß die „Flucht vor Gott“ auch zur „Flucht in die Wirtschaft“ geführt hat. Einige kritische Gedanken Picards dazu seien zitiert:

> „Der Mensch will die Wirtschaft gar nicht übersehen, er will sie gar nicht beherrschen, er will sie gar nicht organisieren mit Planwirtschaft und richtiger Verteilung der Produktion, der Mensch will eine unkontrollierbare Wirtschaft haben, das Unkontrollierbare schafft dem Gebilde den Schein der Irrationalität und den Schein, als würde der Mensch von der Wirtschaft wie von einem Gott gestraft mit den Krisen. Der Mensch der Flucht erlebt die Krisen, die er nicht mit Gott erleben will, mit der Wirtschaft. Der Mensch der Flucht weiß, daß die Krisen der Wirtschaft immer noch leichter sind als die mit Gott ... Die Erschütterung durch die Wirtschaft aber wird von dem Menschen der Flucht als rein mechanische Erschütterung erlebt, sie wirft ihn von Ding zu Ding, sie wirkt als neuer Motor in der Flucht.“[71]

Der geistige Pluralismus unserer gegenwärtigen Bewußtseinslandschaft hat längst das Feld für zahlreiche Desorientierungen bereitet. In all den geistigen Strömungen des ausgehenden 20. Jahrhunderts ist nichts anderes erkennbar als die Suche nach einer tiefen Identifikation. Das meinen wir, wenn wir von einer Sinnkrise der Gegenwart sprechen. Längst nicht jeder Philosophie Lehrende hat auch seinen Sinn gefunden. Die Philosophie bietet nur wenigen Lebenshilfe. Das aber liegt nicht an der Philosophie, sondern an der Bereitschaft des Suchenden, sich zu korrigieren und den Postulaten der Philosophie zu stellen. So meinen viele, vor allem die antike Philosophie sei heute nicht mehr lebbar. Weil der Mensch die Philosophie verlassen hat, ist sie zur Philosophiegeschichte erstarrt. Vielleicht ist das Heraklitische Bewegen wirklich die einzige Konstante im Ablauf unseres Daseins. Die beinahe unübersehbaren Managementlehren und Führungstechniken drücken nur die Verwirrung aus, die sich aus dem kollektiven Unbewußten der Gegenwart mitteilt.

- Wo das Führen der Persönlichkeit nicht aus dem Innenleben heraus geschieht, flieht der Mensch in die Theorie der Lehre und der Techniken.

Viele Führende der heutigen Zeit sind auf der Flucht vor dem Spirituellen in das Wirtschaftliche geflohen. Dort finden sie jenes autonome Gebilde, das seine eigenen Gegebenheiten schafft und an denen sie ihre Identifikation prüfen können. Doch sie erkennen noch nicht die Macht dieses Gebildes, das sie unentwegt und heimlich bindet. Vom Realen gehen sie so unmerklich zum Irrealen über, weil die Wirtschaft längst nicht mehr berechenbar für sie geworden ist. In der Tat ist das ganze wirtschaftliche Geschehen unheimlich geworden, also nicht mehr vertraut. Vielleicht war es auch noch niemandem wirklich vertraut. Was sich aber dem Vertrautsein entzieht, das erzeugt oder verstärkt die Angst im Menschen. Das Gebilde der Wirtschaft ist selbst auf der Suche nach einer Qualität. Bisher hat es sich durch Quantität definiert, denn die Zahlen, die Produkte, die Funktionen, von denen sie charakterisiert wird, bestimmen ihr quantitatives Profil. Die Qualität aber eines wirtschaftlichen Gebildes kann nur von der Qualität des Menschen kommen, der das Gebilde formt. Eine neue Führungskultur, die sich am Sittlichen orientiert, wird die Wegbereiterin für diese erwartete Qualität sein.

Die benediktinische Maxime „bete und arbeite“ verkündet nicht nur eine spirituelle, sondern auch eine realitätsorientierte Qualität des Daseins. Sie besteht darin, zunächst einmal der Habe des Klosters mit Wertschätzung und Verantwortung zu begegnen. Benedikt schreibt daher vor:

> „Den Besitz des Klosters an Werkzeugen, Kleidern und sonstiger Habe soll der Abt den Brüdern anvertrauen, auf deren Leben und Charakter er sich verlassen kann. Er soll ihnen, wie er es für zweckmäßig hält, die verschiedenen Sachen zuweisen, die sie aufzubewahren und wieder einzufordern haben. Von diesen Sachen soll der Abt eine Liste haben, damit er weiß, was er ausgibt und was er zurückbekommt, wenn die Brüder an ihren Arbeitsplätzen einander ablösen.
>
> Wenn einer die Sachen des Klosters verschmutzen läßt oder nicht in Ordnung hält, werde er zurechtgewiesen. Bessert er sich nicht, dann treffe ihn die in der Regel festgesetzte Strafe.“[72]

Auch während der Zeiten, in denen der Mönch sich nicht dem Gebet widmet, ist er in seiner sittlichen Persönlichkeit gefordert. Benedikt spricht das Wertbewußtsein des einzelnen an. Es gibt nicht nur eine Verantwortung dem eigenen und fremden Leben gegenüber, wie wir dies bei Hans Jonas nachlesen können. Auch das Verantwortungsgefühl für das Gegenständliche bedarf der Entwicklung.

- Das Wertbewußtsein gegenüber den Arbeitsgeräten ist Bestandteil des generellen Wertbewußtseins eines arbeitenden Menschen.

Das Tun des Mönchs wird geheiligt durch die Absicht, mit der er die Aufgabe ausführt. Das Arbeiten ist deshalb heilend, weil es dazu beiträgt, daß ein Mensch sich selbst begreift. In den täglichen Verrichtungen das Heiligende zu sehen ist demjenigen möglich, der seine Arbeit als Dienst für das Geschaffene auffaßt. Im Geschaffenen oder noch zu Schaffenden wiederholt sich stets der kreative Akt des schöpferischen Gottes. Wer das Gerät des Klosters „als heiliges Altargerät“ betrachtet, sieht in ihm einen sakralen Wert. Die tägliche Arbeit ist Dienst für das Göttliche. Im Arbeiten findet das Gebet, das „ora“, seine Fortsetzung. Der arbeitende Mensch induziert damit in sein Tun jenes Maß an Werten, die auch seine Beziehung zum

Schöpferischen bestimmen. Er wird sich bewußt, daß er „Wertvolles“ schafft und werterhaltend wirkt. Das alles ist mit „Wertbewußtsein“ gemeint. Ein Bewußtsein also, bei dem der Wert des Handelns mit der positiven Beziehung zum Gegenständlichen beginnt und sich überträgt auf die innere Bezogenheit zum Tun.

Das Gegenständliche bei der Arbeit tritt aber noch in einer anderen Weise hervor: Es wird zum Dialogpartner des Handelnden. (Ich verwende im folgenden Sprachgebrauch „Dinge“, „Gegenständliches“ und „Seinshaftes“ als Synonyme.) Manchmal sprechen Menschen davon, daß ihnen dieser oder jener Gegenstand, den sie täglich handhaben, besonders lieb geworden sei. Sie bauen zu ihm eine eigenartige Beziehung auf. Von einer Bäuerin habe ich einmal gehört, daß sie die Milchkannen, mit denen sie die vom Molkereiwagen abzuholende Milch bereitstellt, jeden Tag in einer anderen Ordnung am Straßenrand aufstelle; so werde keine Milchkanne benachteiligt, denn „jede kommt dann einmal als erste dran“. Von Schreinern und Gärtnern ist mir bekannt, daß sie manches Handwerkszeug bevorzugen, weil es ihnen angenehm in der Hand liegt und sie gut damit umgehen können. Und schließlich haben die meisten Geistesschaffenden ein Schreibgerät, das sie gern und oft benutzen. Es scheint so, als habe der Mensch zu dem Gegenständlichen, das ihn umgibt, im Laufe der Zeit eine emotionale Beziehung aufgebaut. Besonders auffallend ist dies, wenn alte Menschen allein leben und sich einen Kommunikationspartner suchen müssen. Ich habe beobachten können, daß alte Menschen mit Stühlen und Schränken sprechen. Mag dieses Gegenständliche auch einen Erinnerungswert an einen verstorbenen Partner besitzen und deshalb den Dialog nahelegen – darüber hinaus führen alte Menschen aber Gespräche mit ihrer Kleidung, mit ihren Schlüsseln und schließlich mit den Bäumen und der Bank, auf der sie sich nach einem Spaziergang ausruhen. Mich erinnert dies immer wieder an das biblische „Reden der Steine“; also an die Belebung des Materiellen, das unser Intellekt als nicht beseelt begreift. Benedikt deutet ähnliches an, wenn er den Cellerar bittet, alles Gerät und die ganze Habe des Klosters als heiliges Altargerät zu betrachten. Dieses Anliegen läßt sich mühelos in die Gegenwart übertragen. Auch wir sind täglich von Gegenständlichem umgeben, ja, wir definieren nicht selten unser Lebensgefühl danach, von welchem Dinglichen wir uns ansprechen lassen. Viele Hotelgesellschaften, die weltweit verbreitet sind, achten zum Beispiel darauf, daß die Zimmer überall möglichst gleich gestaltet und eingerichtet sind, damit der Gast rasch ein „Heimatgefühl" aufbauen könne. Es steht außer Frage, daß wir das Seinshafte unseres Lebens nicht nur über unsere Körperlichkeit, sondern oft noch stärker über das Dingliche, das mit uns „lebt", wahrnehmen. Die Dinge unseres Alltags schweigen nur scheinbar. Da jedes Gegenständliche für sich existiert, kann es sich auch durch seine individuelle Beschaffenheit mitteilen. Der vor allem manuell arbeitende Mensch berührt, erfaßt und integriert den Gegenstand in seinen Handlungsablauf. Er ist ein Teil seines Wirkens geworden; und indem der Gegenstand am Gelingen mitwirkt, schweigt er nicht mehr, sondern setzt mit dem handelnden Menschen Zeichen seiner Existenz und seiner Qualitäten.

Das Dialogische des arbeitenden Menschen mit dem Gegenständlichen schafft eine Handlungsqualität, die sich im Geschaffenen niederschlägt. So wird eine sorgfältig ausgeführte Handarbeit auch Rückschlüsse auf ein gutes und einsatzfähiges Werkzeug zulassen. Mit einem wirkbereiten Werkzeug gearbeitet zu haben zeichnet den Handelnden, den Handwerker, als einen gewissenhaften und verantwortungsvoll Schaffenden aus. Wie der Mensch mit dem Dinglichen umgeht, so gestaltet er die Atmosphäre seines Handelns. Sein „Handlungsspielraum" ist im vordergründigen Sinne dieses Wortes von jenen Werten bestimmt, die er aus seiner Innenwelt empfängt und hinausträgt in den Raum seines Handelns. Der hektische und gereizt arbeitende Mensch wird auch mit dem Gegenständlichen laut umgehen. „Die Sachen fliegen in die Ecke" – hat mancher gesagt. Wer aber das Dingliche „beseelt", ihm einen zusätzlichen als nur den materiellen Wert zuschreibt, der widmet sich auch dem Material in Verantwortung. Nach meiner Auffassung gilt „das Prinzip Verantwortung" eben auch für das Gegenständliche. Darin zeigt sich die Beziehung zwischen Geist und Materie, daß eine sonst bestehende Polarität durch Wertschätzung des Materiell-Dinglichen zu einer Synthese geführt werden kann. Das ist Spiritualität und Handeln heute. Ein bedeutender Ansatz zur Motivation des arbeitenden Menschen in der Gegenwart sollte meines Erachtens die Wertschätzung des Dinglichen würdigen. Ich bin aber nicht sicher, ob viele Führende fähig sind, diesen ethischen Ansatz in den Arbeitsablauf vieler zu integrieren. Die zahlreich angebotenen Motivationsseminare jedenfalls vermögen all das eben Dargestellte nicht zu vermitteln.

2. Handeln und Selbstvertrauen

In diesem Abschnitt will ich einmal, losgelöst von Benedikt, das Handeln in seiner Beziehung zu etwas Elementarem in der menschlichen Persönlichkeit betrachten: zum Selbstvertrauen. Damit soll der Wert des menschlichen Handelns überhaupt stärker hervorgehoben werden. Ich habe „Handeln“ bisher noch nicht definiert. Nun, diese Wortgeschichte liegt recht deutlich „auf der Hand“. Mit „Handeln“ oder „Handlung“ wird ursprünglich ein Vorgang bezeichnet, der „mit den Händen verrichtet, vollbracht, berührt, be-handelt“ wird.

- Die Hand ist in der Entwicklung des menschlichen Individuums der elementare Funktionsträger.

Der Mensch als Sammler, Jäger, Krieger, Handwerker, Architekt, Priester, Arzt, Lehrer und Helfender im weitesten Sinne hat sein Wirken mit den Händen vollbracht. Schon sehr früh in der menschlichen Stammesgeschichte war derjenige eine „Persönlichkeit“, der sich durch besonders geschicktes Handeln, das Ergreifen des Lebens durch die Hände, hervorhob. Er erhielt wegen seiner lebendigen und eleganten Handhabung der Lebensumstände die meiste Akzeptanz. Pfeil und Bogen sowie der spätere handliche Umgang mit anderen Instrumenten sollen hier lediglich symbolisch angesprochen sein. So dürfen wir schon jetzt eines sagen:

- Das Handeln verändert die vom Menschen beeinfluß-baren Lebensumstände, die Lebensbedingungen.

Diese Änderungen in seinem eigenen Leben selbst zu vollbringen, dazu wurde der Mensch bei seiner Geburt befähigt. Der Gebrauch der Hände sichert die Existenz des Menschen und macht seine Umgebung für ihn „greifbar". Alles Greifbare ist meistens auch veränderbar. In den Bewegungen der Finger und Hände lebt der schöpferische Auftrag an den Menschen, sich die Erde bewohnbar zu machen und alles Gestaltbare in Verantwortung zu neuem Dasein zu führen. Im Buche Genesis ist das zusammengefaßt so ausgedrückt:

> „Gott segnete sie (Mann und Frau), und Gott sprach zu ihnen: ‚Seid fruchtbar und mehret euch und erfüllet die Erde und macht sie euch untertan!'"[73]

Auf dem Menschsein schlechthin liegt der Segen des Göttlichen, begleitet von dem Auftrag, sich in seinem Menschsein zu verwirklichen. Das Leben auf der Erde sollte Verwirklichung des durch das Göttliche initiierten Lebensauftrages sein. (Der Auftrag des Göttlichen an den Menschen kann durchaus evolutionistisch gewesen sein; jedenfalls widerspricht das hier Gesagte in keiner Weise dem evolutionären Welt- und Menschenbild.) Der motorische Antrieb des Menschen nun, seine Hände zu bewegen, sie auszustrecken und nach etwas zu greifen, floß hinein in das Angebot des Dinglichen dieser Welt. Die Umgebung des Menschen, eben greifbar nahe, bot sich an, um erfaßt, ergriffen, begriffen zu werden. Die Ur-Berührung des Menschen mit der Welt ist das Berühren der Welt mit seinen Händen. In der Hand, in den Fingern, ruht der schöpferische Funke, der den Menschen zum Medium, zum Dazwischen von Himmel und Erde macht. Aus der Beschaffenheit seiner Hände kann der Mensch ableiten, daß es für ihn einen wesensimmanenten Zwang zum Handeln gibt. Denn Hand und Wollen und Hand und Verweigern sind durch die Nervenbahnen aufs engste miteinander verbunden.

Mit dem Ausstrecken der Hand, die nach etwas Erreichbarem greift, beginnt zugleich der Dialog zwischen dem Menschen und seiner

Erlebniswelt. Durch das In-Berührung-Kommen mit dem Geschaffenen erkennt das menschliche Individuum, daß es nicht allein ist und eine Begleitung bei ihm ist. Das Belebte wie das Unbelebte in der Welt treten ein in den Erfahrungskreis des Menschen. Der Dialog zwischen dem Menschen und dem für ihn Erfahrbaren ruft in der Persönlichkeit allmählich das Gefühl eigenen Existierens wach.

Ein Kind, das den Körper seiner Bezugsperson berührt, spürt, daß ihm ein leibhaftiges Du zur Seite steht. Das Kind erlebt aber auch sich selbst, weil es ein Gefühl der Zuwendung, der Geborgenheit in seinem Inneren wahrnehmen kann. Diese elementare, tiefe Emotionalität ist es letztlich, die im Kind ein Vertrauen in die Welt hervorbringt. Gewiß ist dieses Vertrauen zuerst personifiziert. Später jedoch kann es dieses Vertrauen auf das Übrige seiner kindlichen Erfahrungswelt übertragen. Handlung ist also zuerst für ein Kind Berühren des anderen Körperlichen und damit verbundenes Hinwenden zu diesem anderen Menschsein.

Wenn das Kind mit seinen Händen feingliedrige Bewegungen ausführen kann, wird sein Handeln mehr zielgerichtet sein. Es umschließt mit seinen Händen nicht nur das, was es mit einem Griff erfassen kann, zum Beispiel eine Kugel oder einen Holzstock, sondern es wird auch feine „Arbeiten" ausführen, die von ihm mehr Hinfühlen und Einfühlen in den Gegenstand erfordern. Dabei denke ich daran, kleine Steine ineinanderzusetzen oder mit einem Pinsel vorgezeichnete Schablonen auszumalen. Zu den zarten Handlungen gehören auch alle, die vom Kind einen vorsichtigen Umgang mit dem Gegenständlichen erwarten lassen. So wird es eine zerbrechliche Vase sehr behutsam aus einem Regal nehmen, weil es weiß, daß diese Vase ein besonders kostbares Stück ist. Ist die kostspielige Operation gelungen, so kann es der Bezugsperson das Ergebnis seines Handelns präsentieren. Je häufiger ein Kind sein Handeln als gelungen erlebt, desto mehr wird es dem Leben zuversichtlicher und zutraulicher begegnen. Werden dagegen beinahe alle Handlungen eines Kindes von den Bezugspersonen gerügt, so erlebt das Kind sehr früh sein Handeln als unerwünscht und Mißfallen erregend. Auf diese Weise wurde vielen Kindern der Weg in ihr Leben durch die Eltern oder andere Bezugspersonen verleidet. Hätte es im Leben solcher belasteter Kinder und Jugendlicher nicht später noch von anderen Menschen ermutigende Hilfestellungen gegeben, so wären diese Heranwachsenden wohl für viele Jahre ihres Lebens von starken Mindergefühlen bedrückt gewesen. Deshalb sei als Zwischenbemerkung gesagt:

- Die Ermunterung zu eigenem Handeln legt den Grundstein für das Selbstvertrauen im Kind.

Wie ist das zu verstehen? Das Handeln ist ein wesentliches Urerlebnis für ein Kind. Es ist stets mit einer Gefühlserfahrung verknüpft, weil ein Kind in den ersten fünf Lebensjahren ausschließlich emotional interagiert. Wird ein Kind nun für sein Handeln von jener Person, zu der es eine positive emotionale Beziehung erlebt, anerkannt, so wird das positive emotionale Gesamterleben verstärkt. Die ermunternden Kommentare der Eltern wecken im Kind das Gefühl, in den Augen derer, die ihm etwas bedeuten, akzeptiert zu sein. Denn ein Kind kann sein Handeln allein noch nicht bewerten. Es bedarf dazu des Urteils seiner Bezugspersonen. Auf Grund dieser emotionalen Abhängigkeit wird sich ein Kind häufig genug vergewissern, wie seine von ihm bedingungslos Geliebten dieses Handeln bewerten. So reagierte einmal ein knapp sechsjähriges Mädchen im Kindergarten gegenüber der Kindergärtnerin sehr schroff, als diese die Zeichnung des Mädchens etwas kritischer kommentierte. Das Mädchen antwortete kurz entschlossen: „Aber meine Mami hat gesagt, das Bild ist schön!"

Selbstvertrauen heißt zunächst für ein Kind, Handlungen im Bewußtsein eines gewollten und emotional akzeptierten Lebensgefühls zu wagen. Natürlich gibt es auch immer wieder sanfte Korrekturen dieses Tuns durch die Eltern. Allerdings niemals entmutigend, verletzend, bloßstellend. In den späteren Jahren wird sich dieses positive Grundgefühl, etwas zu wagen, für die Erledigung von Aufgaben lebensgestaltend bemerkbar machen. Sich etwas zuzutrauen, auf die eigene Kraft im Inneren der Persönlichkeit zu vertrauen, das ist das spätere Begriffsverständnis von Selbstvertrauen. Es wird für die künftige Lebensgestaltung des Erwachsenen zur entscheidenden seelischen Grundqualität. Das bedeutet aber auch, sich immer wieder selbst zum Handeln zu ermuntern oder von anderen motivieren zu lassen. Leider begegnen wir der Schattenseite einer solchen frühkindlichen Prägung ebensooft. Mindergefühle, Mißtrauen, Selbstzweifel kennzeichnen das Lebensgefühl vieler Menschen. Wo der frühe Antrieb zum Handeln durch eine übernormierende Erziehung gehemmt wurde, treten auch im Leben des Erwachsenen Lustlosigkeit, Resignation oder gar Depression auf.

- Die ständige Bevormundung eines Heranwachsenden blockiert seine späteren Handlungsimpulse.

Glücklicherweise gibt es außer den Eltern noch andere Bezugspersonen, die auf das Leben eines jungen Menschen Einfluß nehmen. So kann mancher Erwachsene heute sagen, er verdanke die entscheidenden Ermunterungen zum Handeln der Zeit nach dem Verlassen des Elternhauses. Wer aber sein Leben auch in den späteren Jahren noch sinnvoll gestalten will, braucht diese Zuversicht, die ihm das Selbstvertrauen gibt. Nicht zuletzt ist dies notwendig, wenn es gilt, die dritte Lebensphase, die Zeit nach dem Ausscheiden aus dem aktiven beruflichen Leben,zu meistern. Oftmals erkennen ehemals Führende in diesem letzten Lebensabschnitt, daß ihre vermeintliche berufliche Initiative lediglich ein Ergebnis ihrer Fremdsteuerung war.

- Die starke Identifikation mit einer Aufgabe verhindert meist die Wahrnehmung der wirklichen eigenen Handlungsimpulse.

Sie führt zu einer Lebenslüge, in der gerade Führende häufig leben. Die Lebenslüge besteht darin, sich selbst für äußerst aktiv zu halten. Dabei bemerkt der Führende nicht, daß seine Aktivität ganz von der Identifikation mit der beruflichen Aufgabe angetrieben war. Das wirkliche Selbstvertrauen und das daraus resultierende Handeln zeigen sich erst, wenn die Identifikationsgrundlage gewichen ist. Oder in die Frage gekleidet: Was bleibt an Lebensimpulsen übrig, wenn das berufliche

Selbstverständnis aufhören mußte? Wenn viele männliche Führungskräfte im Alter ihre Partnerin nicht hätten, stünde es um deren Lebenssinn nicht sehr gut. Wer als Führender sein Selbstverständnis fast ausschließlich aus der beruflichen Identifikation empfangen hat, braucht im Alter eine neue Beziehung zu sich selbst. Denn jeglicher materieller wie immaterieller Status ist dann meist nicht mehr vorhanden. So taucht im dritten Lebensabschnitt die Frage auf „Wer bin ich?", während in früheren Jahren die Frage „Was bin ich?" oftmals mit den hinreichend bekannten Selbsttäuschungen beantwortet wurde. Das „Wer bin ich?" wurde vom „Was bin ich?" überlagert. Möglicherweise gehört auch ein weiter fortgeschrittenes Alter dazu, um die Frage nach dem Wer der Persönlichkeit überhaupt zuzulassen. Ich habe jedenfalls beobachtet, daß viele Führende auf die Frage nach der außerberuflichen Gestaltung ihres Lebens kaum eine befriedigende Antwort geben konnten. Daraus darf auch folgende Überlegung abgeleitet werden: Führende, die sich selbst nur beruflich definieren können, werden kaum das Selbstvertrauen von Geführten außerhalb der beruflichen Sphäre stärken. So wird manchem Führenden das Verständnis dafür fehlen, daß der Geführte in seiner Freizeit bestimmten Aktivitäten nachgeht und seine Lebensinhalte nicht allein vom Beruflichen bestimmt sein läßt. Anders jedoch verhält es sich mit Geführten, die fast ausschließlich in ihren Gedanken bei der Freizeitgestaltung verweilen. Mehr darüber im nächsten Abschnitt.

Das Selbstvertrauen des einzelnen bildet für das kollektive Handeln eines Unternehmens oder einer staatlichen Gemeinschaft eines der stabilsten Fundamente. Möge die Prägung der jungen Menschen dies immer wieder bedenken. Wer lange bevormundet wurde, lebt mehr in Selbstzweifeln als in Eigeninitiative. Für das individuelle Existieren wie für das gemeinschaftliche Wohlergehen ist aber die Eigeninitiative der bedeutendste Handlungsantrieb. Leider sind die Antriebe aus Angst und aus Mindergefühlen oftmals stärker. Das ist negativ, weil solche Antriebe mehr Kräfte verzehren, als wenn sie der Ideenfreude und dynamischen Kreativität entsprungen wären.

3. Handeln und Sinn

Im August 1993 war in mehreren deutschen Zeitungen die Schlagzeile zu lesen „Deutsche sind Freizeit-Meister“. Nach den statistischen Angaben der Bundesvereinigung der Deutschen Arbeitgeberverbände, aus denen in diesen Artikeln zitiert wird, ergibt sich ein bedenkenswertes Bild: „413 Arbeitsstunden im Jahr trennen in der Statistik die Ersten von den Letzten: Die japanischen Industriearbeiter arbeiten im Durchschnitt 2080 Stunden im Jahr, ihre westdeutschen Kollegen haben ihr Soll schon mit 1667 Stunden erfüllt. Dieser Abstand bedeutet: Wenn es die Deutschen den Japanern in puncto Arbeitseifer gleichtun wollten, müßten sie nicht nur auf ihren gesamten Jahresurlaub von knapp 31 Arbeitstagen verzichten; sie müßten außerdem noch fast an jedem zweiten Samstag voll arbeiten. Und dieser Vergleich fällt noch günstig für die Deutschen aus.“[74] Diese Veröffentlichung, aber auch manche Diskussion mit Vertretern der Gewerkschaften in den Medien geben Anlaß, die Beziehung zwischen dem Handeln, dem Aktivsein eines Menschen, und seinem Lebenssinn ein wenig zu beleuchten. Die Antwort von Benedikt ist knapp und eindeutig: „Bete und arbeite.“ In dieser Zweiheit der Lebensgestaltung liegt für den benediktinisch Lebenden auch schon die Erfüllung. Der Dualismus von Körperlichem und Geistigem erfaßt damit elementar, was einem Menschen zur Harmonisierung seines Befindens vonnöten ist. Die Ausgewogenheit im Handeln ist es, die die menschliche Persönlichkeit zur Entfaltung führt. In dieser Weise klärt auch Oswald von Nell-Breuning, was aus christlicher Sicht unter „Arbeit“ und der damit verbundenen Entfaltung zu verstehen ist. Er sagt:

> „Nach christlichem Verständnis ist Arbeit Entfaltung der dem Menschen von Gott geschenkten geistigen und körperlichen Kräfte, durch deren Betätigung in der Richtung auf ein ernsthaftes und ernstgemeintes Ziel.“[75]

Das Handeln eines Menschen bezeichnet die Berührung mit dem Leben überhaupt, während das Arbeiten einen zielgerichteten Einsatz der Kräfte meint, die dem Menschen zur Verfügung stehen. Ich wähle „Handeln" als Oberbegriff, weil er alles Aktivsein einbezieht, und darauf kommt es mir an. Damit befinde ich mich wieder in der benediktinischen Tradition, denn zu beten und zu arbeiten sind lediglich zwei verschiedene Formen des Aktivseins. Worin besteht der Sinn eines Handelns? Der Begriff „Sinn" scheint schon eine Antwort auf diese Frage in sich zu bergen. Nämlich: das Sein. Sinn und Sein stehen in einer nicht nur semantischen Beziehung zueinander. Das Da-Sein eines Menschen bietet die Chance, den Sinn dieses Daseins zu ergründen, während der Sinn eines Menschenlebens das Dasein charakterisiert.

- Die Urfunktion des Handelns besteht darin, das Sein des Menschen zu bestätigen.

Im Handeln, in der Aktivität eines Menschen – welche es zunächst auch sei – erfährt die menschliche Persönlichkeit eine Wahrnehmung ihrer selbst. Das Tun eines Menschen hinterläßt Spuren seiner Existenz. Und das ist lebensnotwendig; denn das menschliche Individuum braucht – wie wohl alles Lebende – stets von neuem eine Bestätigung seines Daseins. Aus seiner Aktivität leitet ein Mensch schließlich die Berechtigung seiner Existenz ab. Zugleich entwickelt er aus diesem Bestätigtwerden durch sein Tun eine Wertbeziehung zu seiner Individualität. Unter einem „Wert" verstehe ich hier das Maß an Bedeutung, das sich ein Mensch selbst zuschreibt. Eine zweite Antwort auf die Frage nach dem Sinn eines Handelns lautet:

- Das Handeln eines Menschen bedeutet einen elementaren Beitrag zu seiner Selbsterkenntnis.

Wer sich in seiner Persönlichkeit weiterentwickeln will, meint damit vor allem, den Weg der Selbsterkenntnis zu beschreiten. Denn „entwickeln" heißt, das Verdeckte, das Eingewickelte in der Persönlichkeit freizulegen. Der Weg zur Selbsterkenntnis ist daher ein Durchdringen der bisher nicht ausgebreiteten Schichten seiner Persönlichkeit. Im metaphysischen Sinne bezeichnet „Selbsterkenntnis" jenen

Weg, an dessen Ende die Begegnung mit dem im Wesensinneren einwohnenden Selbst erfolgt. Neben der Analyse des eigenen Fremdbildes ist der Weg der Selbstbeobachtung des eigenen Handelns der bedeutendste, um zu weiterer Selbsterkenntnis zu gelangen. Dies heißt: Die Reflexion über das persönliche Tun eines Menschen gibt ihm selbst Aufschluß über die Ziele, die Weisen seines Tuns. In den Ergebnissen seines Handelns erkennt er, ob er die Intentionen verwirklichen konnte, die seiner Arbeit anfangs zugrunde lagen. Weil das Handeln eines Menschen seinen unmittelbaren Lebensbezug ausdrückt, ja, es selbst das Leben, der Lebensstil, die Lebensführung ist, ist für die Selbsterkenntnis der zwingende Schluß erlaubt:

- Im Handeln eines Menschen spiegelt sich seine Persönlichkeit wider.

Gegen diese Aussage protestieren manche Führende, wenn sie in der Beurteilung ihrer Persönlichkeit keinen überzeugenden Eindruck hinterlassen. Sie fahren kleine und große Geschütze zu ihrer Selbstverteidigung auf; sie seien doch in Wirklichkeit anders zu sehen, als es diese Handlung vermuten lasse. Gewiß stehen jedem Menschen bestimmte Abwehrmechanismen zur Verfügung, mit denen er sein Handeln und Verhalten rechtfertigen kann. Allein – auf die Dauer gesehen, entfernen ihn die vielerlei Abwehrhaltungen (als Beispiele für Abwehrhaltungen seien hier lediglich Rationalisierung, Verdrängung, Projektion genannt) mehr und mehr von seiner Lebensrealität. Ein Führender aber, der gar einer Realitätsablösung zusteuert, kann dauerhaft keine Identifikationsgestalt sein. Aus ethischer Sicht nun besteht der Sinn eines Handelns in der Verwirklichung sittlicher Werte. Im Grunde sollte jedes Handeln sittlich sein. Damit ist aus der Betrachtung christlicher Sittlichkeit gemeint: Das Handeln eines Menschen möge letztlich die in der Bergpredigt als „goldene Regel" bezeichnete Handlungsanweisung würdigen. Sie lautet:

> „Alles nun, was ihr wollt, daß euch die Leute tun, das sollt auch ihr ihnen tun; denn das ist das Gesetz und die Propheten."[76]

Wie steht es nun mit dem Sinn des Handelns für den Menschen der Gegenwart? Um es zunächst in einem drastischen Schlagwort auszudrücken: pathologisch! Unsere Gesellschaft ist krank an sich selbst. Der kollektive Handlungs- und Lebenssinn ist weitgehend von egoistischen Tendenzen bestimmt. Darin besteht das Krankmachende. Es zeigt sich in einer grenzenlosen Anspruchs- und Erwartungshaltung des einzelnen an beinahe alles, was die Gesellschaft repräsentiert. Da gibt es viele Erwartungen, zum Beispiel:

- des Arbeitnehmers an den Arbeitgeber im Hinblick auf eine deutliche Verringerung der Arbeitszeit
- des Arbeitnehmers an den Arbeitgeber hinsichtlich besonderer Sozialleistungen und sozialer Absicherung
- des Arbeitnehmers an den Arbeitgeber, eine jährliche Einkommenserhöhung garantiert zu bekommen
- des Arbeitgebers an den Arbeitnehmer, für Überstunden beliebig oft zur Verfügung zu stehen
- der Gewerkschaft an die Unternehmen, in allen Fragen mitreden zu dürfen
- der Eltern an die Lehrer, einen großen Teil der Erziehung mitzugestalten
- der Schüler an die Lehrer, durch den Lernstoff nicht zu sehr gefordert zu werden
- der Schüler an die Schulleitung, an erster Stelle und ausreichend über ihre Rechte aufgeklärt zu werden
- der Auszubildenden, zuerst über ihre Recht und dann über ihre Pflichten im Unternehmen informiert zu werden
- des Bürgers an die Politiker, ihre persönlichen Wünsche (zum Beispiel bei der Abtreibung) berücksichtigt zu sehen
- des Bürgers an die Politiker, den Neubau von Straßen unbegrenzt fortzusetzen
- des Bürgers an die Politiker von der Sozialgesetzgebung immer aufgefangen zu werden
- der Politiker an den Bürger, jegliche Steuerlast mitzutragen
- der Kinder an die Eltern, lange Ausbildungswege zu finanzieren

- der Eltern an die Kinder, im Alter für die Eltern zu sorgen und sich ihnen gegenüber stets dankbar zu erweisen
- der Partnerin/des Partners an den jeweils anderen, ihm/ihr immer zur Verfügung zu stehen
- des Priesters an die Gemeinde, sie müsse auf den Priester zugehen
- des Priesters an den Vatikan, den Zölibat aufzuheben
- des Arztes an die Krankenkasse, alle Rechnungen ungeprüft zu bezahlen
- des Patienten an den Arzt, ihm alles zu verschreiben.

Der Leser kann diese Liste nach kritischer Beobachtung beliebig erweitern. Wer vorwiegend in einer Anspruchshaltung lebt, wird jegliches Verzichten von sich weisen. Auf beinahe alles im Leben ein Recht zu haben und eine Befriedigung seiner Bedürfnisse geltend machen zu dürfen, das belastet das gesellschaftliche Leben in unbeschreiblichem Maße. Wie Arbeitgeber auf die drückenden Kosten im Personalsektor reagieren, das sehen wir an der Verlagerung einiger Produktionsstätten in das Ausland, wo Menschen mit bescheideneren Erwartungen bereit sind, gern zu arbeiten. Es mutet pervers an, in deutschen Interviews von befragten Arbeitnehmern hören zu müssen, sie würden mit der vorübergehenden Erhöhung der Arbeitszeit bestraft! Wer heute das Arbeiten als Strafe empfindet, hat wohl seinen Lebenssinn schon lange nicht überprüft. Mit der Abwendung vom Metaphysischen, einem Ergebnis der Konsum- und Freizeitgesellschaft, ist auch die Sinnkrise in der Arbeit eingetreten.

- Die Sinnkrise in der Arbeit des heutigen Menschen ist dadurch gekennzeichnet, Arbeit als Zwang zu erleben. Das Motiv des Arbeitens ist es, das Erleben der Freizeit finanzieren zu können.

Dieser bedenkliche Bewußtseinswandel vernachlässigt die sittliche Tatsache, daß es einen Wert des durch Leistung geschaffenen Gutes gibt.

- Wer den Wert seines beruflichen Handelns nicht erkennt, der empfindet Leistung als Zwang.

Damit entgeht vielen Arbeitenden auch ihre eigene sittliche Verpflichtung dem Unternehmen gegenüber. Nicht nur das Wirtschaftsunternehmen hat für Arbeit zu sorgen. Das ist gemeinhin die Haltung der Arbeitnehmer. Auch die Arbeitnehmer haben durch Initiative, Verzicht, durch Qualitätsarbeit dafür zu sorgen, daß das Unternehmen im Ansehen wächst. Dieses Gleichmaß zwischen Recht und Pflicht, zwischen Arbeit und Freizeit, zwischen Motivation und Zwang ist gegenwärtig empfindlich gestört. Wer für sein berufliches Handeln kein Wertbewußtsein entwickelt, braucht nicht überrascht zu sein, wenn die berufliche Krise über ihn hereinbricht. Im übrigen ist der neurotische Zwang zum Erleben, zur Freizeit für die Persönlichkeitsentwicklung eines Menschen ebenfalls zutiefst unheilvoll. Denn die Ausrichtung des Bewußtseins auf Erleben, auf Bedürfnisbefriedigung vernachlässigt den Blick für das Selbstkritische und Korrigierbare an der eigenen Persönlichkeit.

Körperliche und geistige Arbeit sollen in einem ausgewogenen Verhältnis zueinander stehen. Benedikt trägt diesem Postulat Rechnung, indem er im Kapitel 48 – „Die tägliche Handarbeit“ – vorschreibt, wie der Wechsel zwischen Hirn und Herz ablaufen möge. Er sagt:

> „Müßiggang ist der Feind der Seele. Deshalb sollen sich die Brüder zu bestimmten Zeiten mit Handarbeit, zu bestimmten Stunden dagegen mit heiliger Lesung beschäftigen.
>
> Wir glauben also, daß durch folgende Ordnung die Zeit für beides geregelt werden kann: Von Ostern bis zum ersten Oktober verrichten die Brüder in der Frühe nach der Prim bis etwa zur vierten Stunde die notwendigen Arbeiten. Von der vierten Stunde bis zur Zeit, da sie die Sext halten, sind sie frei für die Lesung. Wenn sie nach der Sext vom Tisch aufstehen, ruhen sie unter völligem Schweigen auf ihren Betten; falls aber einer für sich lesen will, lese er so, daß er keinen anderen stört … Vor allem muß man unbedingt zwei oder drei ältere Brüder bestimmen, die zur Zeit, in der

die Brüder für die Lesung frei sind, im Kloster herumgehen. Sie sollen nachsehen, ob sich kein Bruder findet, der an geistiger Trägheit leidet und sich dem Müßiggang oder dem Geschwätz überläßt, statt aufmerksam zu lesen, und nicht nur sich selbst schadet, sondern auch andere ablenkt."[77]

Benedikt gibt eine genaue Einteilung, nach der die Mönche ihre Beziehung zwischen Handarbeit und Lesung zu gestalten haben. Hier schließt sich der Kreis unserer Überlegungen zum Thema „Handeln". Das körperliche Aktivsein ist umrahmt oder begleitet von der ständigen Begegnung mit dem geistlichen Wort. Vor jenen Phasen, die mit „Müßiggang" bezeichnet werden, warnt Benedikt. Dies ist wohl bis heute eine berechtigte Warnung geblieben. Während mit „Muße" die freie Zeit, die Zeit der Ruhe gemeint ist, besitzt „Müßiggang" eine eindeutig negative Wertung. Ein Müßiggänger ist ein Mensch, der seine Zeit träge, untätig, faul verbringt und sich dabei unnütz oder überflüssig fühlt. Das Untätigsein trägt teilweise depressive Züge. Es ist nicht zu verwechseln mit der Erholung, der Rekreation, über die ich im nächsten Abschnitt schreibe. Nein, der Müßiggang läßt meistens Lustlosigkeit am Leben und eine geringe Identifikation mit den Angeboten des Lebens erkennen. Das Antriebsgeschehen des lustlosen Menschen ist verkümmert, vielleicht gar nicht bis zur Eigendynamik entwickelt worden. Der Führende in Wirtschaft und Politik wird wohl eher über eine zu starke Aktivität als über Müßiggang klagen. Er ist gefährdet, wenig von dem benediktinischen Rhythmus in seinen Tagesablauf integrieren zu können. Doch es gibt über Benedikt hinaus, sehr wohl aber an ihn anschließend, einen Weg für den Manager, der körperliches und geistliches Tun miteinander verbindet. Es ist die von Balthasar Staehelin entwickelte „Psychosomatische Basistherapie". Sie soll hier in einem Exkurs in ihren Charakteristika knapp vorgestellt sein.[78] Ich werde mich dabei an den Sprachgebrauch Staehelins anlehnen. Vor etwa dreißig Jahren suchte Staehelin als Spezialarzt für Psychiatrie und Psychotherapie in Zürich nach einer für alle Menschen zugänglichen und praktikablen Methode, um Menschen zu helfen, die am „vegetativen Psychosyndrom“ erkrankt waren. (Siehe dazu in diesem Buch in der Einleitung den Abschnitt „Urangst“.) Auf Grund seiner psychoanalytischen Erfahrungen mit zahlreichen Patienten sowohl in seiner eigenen Praxis als auch als Leiter der Psychosomatischen Sprechstunde der Medizinischen Poliklinik des Universitätsspitals Zürich bemühte sich Staehelin um einen einfachen, kausal wirkenden, kostenlosen und von jedermann eigenständig auszuübenden Weg als Therapieform. Ziel dieses Weges sollte es sein, den krankmachenden, angsterzeugenden Bruch zwischen Mensch und Gott aufzuheben. Staehelin beabsichtigt mit der inzwischen von vielen Menschen praktizierten Methode, die erste Wirklichkeit des Menschen wieder mit seiner zweiten Wirklichkeit zu verbinden – das Vergängliche wieder mit dem Unvergänglichen, Körper und Seele des Menschen mit dem Geist des Göttlichen zu vereinigen. Die Psychosomatische Basistherapie hat zwei Aufgaben: die theoretische und die praktische Aufgabe.

Die theoretische Aufgabe der Psychosomatischen Basistherapie

Sie soll mitsuchen und mithelfen bei den heutigen Bemühungen, die eher materialistisch ausgerichtete, von Gott wegführende Denkweise umzuwandeln in einen spiritualistischen, im unvergänglichen Geist Gottes ruhenden Zeitgeist; sich also wieder der christlichen Spiritualität zu bedienen und damit die rationalistische Säkularisierung der Aufklärung zu überwinden.

Die praktische Aufgabe der Psychosomatischen Basistherapie

Sie soll eine einfache Therapiehilfe sein, um dem Menschen der Gegenwart in seinem Leiden an einem Mangel an Urvertrauen, an seiner Einsamkeit, an seinem Verängstigtsein, an seinen täglichen Kränkungen, eine stabile Stütze zu bieten. Die psychosomatische Therapieausrichtung orientiert sich hier an jenen Werten der christlichen Spiritualität, die in den zweitausend Jahren Glaubens- und

Erfahrungshilfen des Christlichen gewachsen sind. Die Verstelltheit des Menschen gegenüber Gott wird sozusagen „weggeübt“.

Die vier Teile der Psychosomatischen Basistherapie lauten:

- informative Befragung
- innere und äußere rhythmische Bewegung
- geöffnete Beschauung
- immerwährende Anbetung

Staehelin weist darauf hin, daß die Psychosomatische Basistherapie auch eine Meditationsmethode für nicht-gläubige Menschen ist, die die Erkenntnis der Wahrheit Christi im eigenen Inneren anstreben.

Die informative Befragung ist der geistig-geistliche Teil dieses Weges. Anhand des Studiums der Bibel, mystischer oder metaphysischer Texte findet der Übende Hinweise, das Gelesene in einen ordnenden Zusammenhang mit seinem Leben zu bringen. Geistliche Texte sollen es sein, die den lesend Geöffneten in seinem Inneren erreichen und Impulse für sein weiteres Leben geben können. Manche Übende lassen sich auch durch religiöse Musik oder durch ein Christus-Bild einstimmen. Empfehlenswert ist dieser erste Teil am Abend vor dem Schlafengehen. Er kann zwischen zehn und dreißig Minuten dauern. In diesem Bewußtsein einer geistlichen Begegnung schläft der Übende ein.

Der zweite Teil, *die körperliche und seelische Bewegung,* eröffnet den Tag. Dieser zweite Schritt hat die Aufgabe, der inneren Öffnung und Hingabe, dem Offenstehen des Wesensinneren und der Bereitschaft, Gefäß für das Göttliche zu werden, zu dienen. Der Übende ist bereit für das Einströmen des göttlichen Geistes, also eines neuen Bewußtseins, in sein Herz. Innere und äußere Bewegung verschmelzen in dieser Übungsphase zu einem meditativen Einssein. Für die rhythmische körperlich-seelische Bewegung können je nach dem individuellen Bedürfnis zum Beispiel folgende Übungen gewählt werden: Auf- und Abgehen (wie die Mönche im Kreuzgang), Hin- und Herlaufen in einem Zimmer, Waldlauf, Jogging, bewußtes Gehen im Freien, Skilanglauf, Schwimmen, Radfahren (hier empfiehlt Staehelin, weil er es selbst viele Jahre so praktiziert, ein auf Rollen aufgebocktes Straßenfahrrad). Wer körperlich behindert ist, kann auch auf die eigene Atmung oder den Herzschlag als rhythmischen Bewegungsimpuls achten. Besonders wirkungsvoll nun – und darin besteht die Verschmelzung – ist es, die rhythmische äußere und innere Körper- und Seelenbewegung mit dem Wortsilbenrhythmus eines einfachen, rhythmisch wiederholbaren kurzen Herzensgebetes, also eines knappen Gebetes, zu verbinden.Beispielsweise: „Christus, Christus in mir – heile mich mit deiner Liebe." Oder: „Christus, du in mir – erbarme dich meiner." Oder: „Du göttliche Kraft in mir – führe mich auf deinen Weg." Oder: „Du göttliches Sein – begleite mich an diesem Tag." Staehelin legt außerordentlich großen Wert darauf, daß jeder Übende die auf seine Lebenssituation und sein Lebensgefühl passenden Texte spricht. Es soll also niemand normiert oder eingeengt werden auf eine Schablone, die er innerlich nicht nachvollziehen kann. Es geht schließlich um das ganz Persönliche in dieser Begegnung mit der spirituellen Wirklichkeit. Auch dieser zweite Teil erfordert einen Zeitaufwand von zehn bis dreißig Minuten, je nach den Lebensumständen des einzelnen.

Nach diesem körperlichen und seelischen inneren Beten folgt die *geöffnete Beschauung* oder die Beschenkung. Sie bezieht sich auf die Anwesenheit und Gegenwart des immer unergründlichen und unerkennbaren Gottesgeheimnisses in der eigenen Persönlichkeit. Die Haltung ist hier ein möglichst geöffnetes inneres Anschauen, ein Hingegeben- und Dankbarsein. Der Suchende wird zum Empfangenden, zum passiv Beschenkten, Anbetenden – in möglichst vollständiger körperlicher und seelischer Inaktivität, in Schweigen, Stille und Einsamkeit. Unter „Anschauung, Beschauung" ist nicht eine unzulässige Vorwegnahme der ewigen Gottesanschauung nach unserem Tod gemeint, sondern ein glaubendes und hoffendes Verstummen unseres Ichs auf Gottes Anwesenheit in und um uns herum. Es begleitet also den Übenden eine kontemplative Stille. Die Sehnsucht nach Umkehr, nach einer Korrektur des Lebens wächst. Der Suchende erfährt im Laufe der Monate, was es wirklich auf sich hat mit dem Schuldigsein vor Gott (Angsthaben in der Welt), mit dem Gefestigtsein in Gott (Urvertrauen haben in der Welt) und mit dem Verklärtsein durch Gott (als Geschenk erhaltene Heilsgewißheit vom Irdischen zum Überirdischen). Dieser dritte Teil läßt sich am besten in all jenen Körperstellungen vollziehen, in denen auch die Menschen der Bibel gebetet haben: liegend, sitzend, kniend, stehend, gehend. Die beste Haltung ist jeweils die, welche den Übenden am meisten für die Gegenwart des Göttlichen öffnet. Wiederum sollen etwa zehn bis dreißig Minuten für diesen Übungsteil aufgewendet werden.

Der vierte Teil der Basistherapie, *die immerwährende Anbetung,* besteht für den Suchenden in der Bemühung, tagtäglich, so oft wie möglich und bei jeder geeigneten Tätigkeit – während der Arbeit und in der Freizeit – sich der Anwesenheit des Göttlichen und der Verbundenheit mit ihm zu erinnern. Für den noch wenig Geübten kann dabei wieder ein kurzes Gebet, persönlich abgestimmt, hilfreich sein. Die immerwährende Anbetung entspricht der Sehnsucht und Bedürftigkeit, dem Wunsch nach möglichst ununterbrochener Gottesbezogenheit. Es drängt den Übenden im Laufe der Zeit, mit dem Göttlichen in ständiger Herzens- und Verstandesbeziehung zu sein. Ein Gegenüber, ein Du, eine Liebesverbundenheit zu spüren. Die Psychosomatische Basistherapie ist ein Vorschlag zur tieferen Persönlichkeitsbildung. Sie ergänzt das von Benedikt Gesagte in hervorragender Weise. In meinen kontemplativen Seminaren gebe ich auf Wunsch eine Einführung in diese Form der Gottesbegegnung. Ich wünsche allen Übenden hierbei viel Geduld, Demut und Freude.

4. Das Maßvolle und die Rekreation

Auch das Verzichten ist ein Ausdruck des Handelns. Es ist das Handeln des Willens. Allerdings könnte eine Vorschrift, wie wir sie in der Benediktregel erkennen, die eigene Willensleistung schmälern. Denn:

- Was ein Mensch wirklich freiwillig erbringt, vermittelt ihm ein tiefes Gefühl von Lebensfreude.

Dennoch gibt es genügend Menschen, die zuerst durch eine äußere Anleitung gehen müssen, um zu sich selbst zu finden. An mehreren Stellen der Benediktregel lesen wir klare Aufforderungen zu einem maßvollen Leben im Kloster. Weil diese Aussagen beinahe zeitlos gültig sind, seien sie partiell besprochen. In einem Atemzug gleichsam führt Benedikt aus, was er von seinen Mönchen grundsätzlich erwartet, um ihnen damit eine Hilfestellung für ihr weiteres körperliches Befinden zu geben. So sagt er:

> „Den Leib in Zucht halten. Nicht das suchen, was den Sinnen schmeichelt. Das Fasten lieben."[79]

Die Mönche leben als Asketen. Darunter verstehen wir eine enthaltsame, zurückhaltende Lebensweise. Das Asketische beginnt mit der Enthaltsamkeit im Leiblichen und erfaßt dann die Geisteshaltung eines Menschen. Sich körperlich in Zucht zu halten heißt wohl, sich überhaupt zu disziplinieren und von sich selbst auch körperlich manches zu erwarten. Dies mag beim frühen Aufstehen beginnen und sich beim Waschen mit kaltem Wasser fortsetzen. Grundsätzlich gehört aber die Beobachtung des Leiblichen zu diesem Postulat. In welcher Körperhaltung sich ein Mensch bewegt, das gibt häufiger Auskunft darüber, wie er dem Leben begegnet. Im mönchischen Leben wie im weltlichen Leben. In der Körperhaltung mancher Führungskräfte ist heute die ganze Lebensgeschichte abgebildet. Viele entdecken dies mit großer Überraschung bei den Video-Aufnahmen auf dem Bildschirm. Dieses strenge Handeln dem Körper gegenüber wirft in der Gegenwart die Frage nach der Bequemlichkeit im Lebensstil und in der weiteren Lebensführung auf. Ich halte die körperliche Selbstbeobachtung für sehr notwendig, weil sie viel Seelisches mitteilt. Unser ganzes Lebensgefühl hat in der Leiblichkeit das entscheidend Partnerschaftliche gefunden. Den Leib in Zucht zu halten – darin liegt die Herrschaft des Geistes über die Materie. Das ist letztlich auch von Benedikt so gemeint. Das Bewußtsein lenkt das körperliche Dasein;

es beabsichtigt, sich das Körperliche untertan zu machen. Auch hier tritt uns wieder der Konflikt zwischen Rationalität und Emotionalität, zwischen Verwöhnung und Verzicht entgegen. Schwer wird es allemal für jemanden sein, nicht der Bequemlichkeit zu folgen, wenn er bisher nach dem Prinzip gelebt hat, von allen Angeboten des Lebens kosten zu müssen. Warum nicht? – Das ist die Frage des vermeintlich weltoffenen Menschen. Und trotzdem: „Zucht" darf niemals interpretiert werden als Bestrafung des Körpers. Aus der Geschichte, aus den Biographien vieler Heiliger der katholischen Kirche kennen wir die Kasteiung des Körpers. In einer sehr strengen persönlichen Interpretation der Nachfolge Christi haben sich so manche religiös Gebundene die schwersten Verletzungen durch Geißelungen und Dornenkrone zugefügt. Es ist sehr sinnvoll, auch heute noch zwischen einer natürlichen und einer neurotischen Identifikation zu unterscheiden. Die neurotische Identifikation baut ein Mensch aus Angst auf. Bei einer natürlichen Identifikation – wie meistens bei Kindern zu beobachten – spielt sehr viel Freude, Wohlwollen, Zuneigung mit.

- Körperliche Askese darf nicht vom Motiv der Selbstbestrafung initiiert sein, weil sie damit pathologische Züge trägt.

Im übrigen gilt auch weiterhin, daß die Selbstakzeptanz eines Menschen mit der Akzeptanz des eigenen Körpers beginnt. Dies möge auch für die weiteren Lebensjahre gültig bleiben. Mit negativem Vorzeichen heißt dies:

- Wer sich körperlich nicht mag, lebt stets im Schatten seiner Mindergefühle.

Das Maßvolle im Umgang mit allem, was das Leben anzubieten hat, ist auch Benedikts Anliegen in seiner zweiten Ermahnung. Mit den Sinnen nicht alles aufzunehmen, was sich ihnen als Erlebniswert anpreist – das ist auch für die Mönche und wohl auch für den Menschen der Gegenwart noch immer gültig. Daß in manchen Klöstern heute nicht mehr danach gelebt wird, sondern auch Mönche ein recht bequemes, dem Wunsche der Sinne verfallenes Leben führen, würde Benedikt zu harten Strafen ermuntern. Wie viele Weltmenschen verbringen auch manche Mönche einen Teil ihrer Freizeit vor dem Fernsehapparat. Das Gebetsleben hat sich geändert, manches ist nach dem zweiten Vatikanischen Konzil kürzer und straffer geworden zugunsten der Erledigung weltlicher Aufgaben. Ich kenne Mönche, die mit dem nachkonziliaren Leben nicht einverstanden sind und die Strenge des ursprünglich Benediktinischen auch heute noch leben. Das ist gut so, denn sie dienen jungen religiös suchenden Menschen als wichtige Orientierungspersonen. Zahlreiche junge Menschen suchen die harte Herausforderung einer Ordensregel. Aus Gesprächen mit Mönchen weiß ich, daß besonders strenge Ordensgemeinschaften, wie zum Beispiel die Kartäuser, keine Nachwuchssorgen haben und genügend junge Menschen den Weg dorthin finden, um ein asketisches, eremitisches Leben zu führen.

Nun zurück zu Benedikts zweitem Postulat: „Nicht das suchen, was den Sinnen schmeichelt". Hier ist die Ablenkung grundsätzlich angesprochen. Vor allem jedoch, die Ablenkung aus eigenem Antrieb zu suchen. Was mag einen Menschen zur Suche bewegen? Der suchende Mensch ist unterwegs zu (s)einer Identität. In seinem Innenleben wird es manches Vakuum geben, das er durch die Orientierung nach außen füllen möchte. Solche suchenden Menschen wirken oft unkonzentriert, unruhig, lassen sich leicht von Geschehnissen um sie herum irritieren. Es fehlt ihnen das Zentriertsein in ihrer Wesensmitte. Die Angst davor, die innere Leere wahrnehmen zu müssen, läßt sie den Blick und das Ohr auf Inhalte gerichtet sein, die vorübergehend Entspannendes anzubieten haben, bald jedoch wieder verfliegen. Die Orientierung an der Außenwelt fördert die Abhängigkeit von diesen Außenwerten. Letztlich möge der Suchende den Weg nach innen antreten, weil er dort sich selbst oder – im Sinne der bisherigen metaphysischen Aussagen ausgedrückt – sein Selbst finden kann. Wenn wir von einer Sinnkrise oder Identitätskrise des heutigen Menschen sprechen, so meinen wir damit zuerst sein Unvermögen, sich selbst in seiner Innenwelt wiederzufinden. Für mich ist es mehr als nur ein Wortspiel, wenn ich sage:

- Je mehr die Sinne einen Menschen an die Außenwelt binden, desto intensiver möge er die Frage nach seinem Lebenssinn stellen.

Führungskräfte der Wirtschaft und Politik sind gefährdet, ihren Lebenssinn nahezu ausschließlich aus dem Beruflichen zu schöpfen. Daß dies so ist, belegen nicht nur zahlreiche Partnerkrisen von Führenden, sondern auch deren persönliche Konflikte, die nicht selten in schweren körperlichen Krisen oder im Selbstmord enden.

Über das Fasten hat Benedikt noch ausführlicher in einem anderen Kapitel seiner Regel geschrieben. Er sagt im Kapitel 49 über „Die Beobachtung der Fastenzeit“ folgendes:

> „Eigentlich soll der Mönch die ganze Zeit seines Lebens als österliche Bußzeit verbringen. Da jedoch nur wenige die Kraft dazu haben, so empfehlen wir, man soll wenigstens während dieser Tage der Fastenzeit sein Leben ganz rein bewahren und zugleich alle Nachlässigkeiten der anderen Zeiten während dieser heiligen Tage sühnen. Das geschieht dann in angemessener Weise, wenn wir uns vor allen Fehlern hüten, uns dem Gebet mit Tränen, der Lesung, der Zerknirschung des Herzens und der Entsagung hingeben. Während dieser Tage sollen wir also zu unserer gewöhnlichen Dienstleistung etwas hinzufügen: besondere Gebete, Verzichte beim Essen und Trinken. Ein jeder soll also von sich aus über das ihm bestimmte Maß hinaus in der Freude des Heiligen Geistes Gott etwas als Opfer darbringen, das heißt: Er entziehe seinem Leib etwas an Essen, Trinken, Schlafen, Reden, Scherzen und harre in Freude und Sehnsucht des Geistes dem heiligen Osterfest entgegen. Was aber jeder als Opfer darbringt, muß er seinem Abt unterbreiten, damit es mit seinem Gebet und seiner Zustimmung geschieht; denn was ohne Erlaubnis des geistlichen Vaters geschieht, gilt als Anmaßung und eitle Ruhmsucht, nicht als Verdienst. Deshalb soll man alles mit Zustimmung des Abtes tun.“[80]

Es ist möglich, daß in unserer geradezu unersättlichen Gesellschaft das Fasten zu einem Statussymbol erhoben wird. Denn teure Fastenkliniken, in denen sich die Menschen unserer Tage ihr Wohlstandsgewicht abhungern, kann nicht jeder/jede bezahlen.

Psychologisch übrigens wiederholt sich in der Fastenklinik der Prozeß der Zuwendung unter anderen Vorzeichen. Hat während des Jahres die Kompensation eines Defizites an Zuwendung und Selbstwert durch zu üppiges Essen zur Dickleibigkeit geführt, so erhält der Patient während der Fastenkur die Zuwendung in anderer Weise: durch physiotherapeutische Beschäftigung mit seinem Körper, durch Gespräche, durch Spiel und Unterhaltung. Meistens ändert dies allerdings nichts am seelischen Grundkonflikt des unter seiner Psychosomatik leidenden Menschen.

Das Fasten meint allerdings mehr, als es gemeinhin verstanden und praktiziert wird. Oftmals nämlich entspringt die Absicht, zu fasten, dem Motiv der körperlichen Eitelkeit. Einem Schönheitsideal nachzueifern und sich deshalb manchen Genuß zu versagen, ist narzißtischer Kult mit erstaunlicher Willensleistung. Entscheidend dagegen ist das wirkliche Motiv, das zum Fasten anregt. Das Motiv bleibe möglichst der Mitwelt verborgen. Nach den Empfehlungen Jesu soll das Fasten im Verborgenen stattfinden. Er sagt in der Bergpredigt unmißverständlich:

> „Wenn ihr aber fastet, so schaut nicht finster drein wie die Heuchler, denn sie verstellen ihr Gesicht, damit die Leute merken, daß sie fasten. Wahrlich, ich sage euch: Sie haben schon ihren Lohn. Du aber, wenn du fastest, salbe dein Haupt und wasche dein Gesicht, damit die Leute nicht merken, daß du fastest, sondern (nur) dein Vater, der im Verborgenen ist; und dein Vater, der ins Verborgene sieht, wird dir vergelten.“[81]

Das Fasten im Verborgenen ist ein Kind der Demut. Der demütige Mensch teilt anderen nichts von seinem Fasten mit. Er hat ohnehin das Maßvolle zu seiner Lebensnorm erklärt. Im Maßvollen liegt das Unaufdringliche, das auch nicht mit tugendhaftem Streben kokettiert.

- Das wirkliche Fasten findet im Inneren der Persönlichkeit statt. Es ist jene Form der Enthaltsamkeit, die nur die Demut lehrt.

Das Primäre allen Fastens ruht auf dem Grunde der Persönlichkeit. Es ist das Zurückgenommensein, das sich auf das Wesentliche des (eigenen) Lebens besinnt. Nicht die gewollte Enthaltsamkeit ist gemeint, die sich jeden Tag nach der Erfüllung ihres Pensums befragt. Das Fasten nach einem Plan bleibt im Vordergründigen stecken. Ich zweifle nicht daran, daß auch dies vorübergehend für manche Menschen wichtig sein kann, etwa um ein anderes Lebensgefühl zu entwickeln. Doch das Fundamentale ändert sich damit nicht.

- Die Demut ist die Mutter der wahren Enthaltsamkeit.

Ist das Zurücknehmen erst einmal zum Bestandteil der persönlichen Lebenseinstellung geworden, dann folgt das äußere Fasten unauffällig und nicht programmatisch. Deswegen will ich den Gedanken Benedikts erweitern und sagen: Eigentlich sollte das ganze Menschenleben von der Demut getragen sein; dann fände nicht nur in der österlichen Bußzeit das Fasten statt. Es geht mir darum, das Fasten, das sich als etwas Enthaltsames darstellt, nicht dadurch wieder zu einer Form des Begehrens werden zu lassen, daß es ein bestimmtes körperliches oder geistiges Ziel verfolgt. So wird sich nämlich der Übende niemals aus dem Kreis seiner Ichbefangenheit herauslösen können. Wieder sei der indische Philosoph Krishnamurti zitiert, der über das Begehren sagt:

> „Wenn wir nicht innewerden, wie es um das Begehren bestellt ist, daß es vor allem nichts anderes ist als das Ich, … dann kommt unser Denken nie aus dem Teufelskreis des Irrtums heraus. Über den Willen, über das Begehren führt kein Weg zum Erhabenen. Das Erhabene kann sich

> nur entfalten, wenn der Urheber alles Strebens und Bemühens aufhört zu sein. Der Wille zeugt allen Konflikt, alles Begehren, zu werden oder dem Erhabenen den Weg zu bereiten. Wenn das Denken, das sich aus lauter Begehren zusammensetzt, ein Ende nimmt, ohne daß wir uns darum bemühen, dann breitet sich eine Stille in uns aus, die nicht gewollt und daher kein Ziel ist. Allein in dieser Stille kann sich das, was ist, die Wirklichkeit, entfalten."[82]

Das ist wirkliches Fasten. Dieses Fasten verläuft in ständiger Stille; einer Stille des Herzens, das frei ist von jeglichem Begehren für sein Ich. Denn „Stille" ist Freisein von Begehren. Dann kann die Identität des Menschen mit sich selbst wahrgenommen werden. Dieses Spüren des Einsseins mit sich selbst ist die Reinheit des Herzens. Es ist frei von Erwartungen.

Die Rekreation ist eine Form der Ruhe. Sie dient der „Wiederherstellung" der körperlichen und geistigen Kräfte. Im klösterlichen Leben ist sie auf die Ruhepausen nach den Mahlzeiten und auf gelegentliche Spaziergänge begrenzt. In diesen Zeiten ist das Schweigegebot aufgehoben, und die Mönche pflegen eine ihrem Lebensstil angemessene Gesprächskultur. Doch auch hier gilt das Maßvolle. Da das Zusammensein im Kloster eine Lebensführung in Würde pflegt, dient auch das Maßvolle der Kommunikation diesem würdevollen Begegnen. Die Rekreation des Führenden durch körperliches und geistiges Entspannen ist ebenfalls, nach der Psychosomatischen Basistherapie, ein notwendiges Element seiner Persönlichkeitsgestaltung. Es ist die „Menschwerdung" des einzelnen, der sich von seinen stereotypen beruflichen Schattenmustern löst, um sein Selbstbegreifen wieder zu erlernen. Dabei wird das rational verhärtete Menschsein zu einer neuen Sicht seines Lebensstils geleitet. Das Sichtbarwerden des im Menschen tiefer Ruhenden hilft dem Rekreation Übenden zu einem anderen Erkennen seiner Qualität. Vor allem geistige Impulse von außen tragen manche Auseinandersetzung in die Persönlichkeit hinein. Kulturelle Veranstaltungen der darstellenden Kunst sind ebenso geeignet wie das Spielen eines Instrumentes oder die Lektüre eines Werkes der leichteren Literatur. Das möge jeder für sich selbst herausfinden. Entscheidend aber ist das wirkliche Tun! Uns sollen hier noch im Zusammenhang mit der Rekreation die Angst vor der Rekreation und die damit verbundenen Schuldgefühle beschäftigen.

Zahlreiche Führende scheuen Phasen wirklichen Entspannens, weil sie befürchten, in sich selbst einer angsterfüllten Leere begegnen zu müssen. Das, was sie möglicherweise schon immer vermutet haben, würde dann erschreckender Bestandteil ihrer Lebensrealität sein. Sie müßten auch erkennen, bisher sehr einseitig und statisch gelebt zu haben. Diese Fehlhaltung im Leben wird die Schuldgefühle verstärken, die manche Führende bereits ihrer Familie und Partnerschaft gegenüber entwickelt haben. Die Rekreation stünde als Drohendes vor ihnen, sich endlich zu dem Versäumnis zu bekennen, das Private nicht hinreichend gewürdigt zu haben. Diese Erfahrung mit der Rekreation tritt ein, wenn der Führende seine einseitige Identifikation aufgibt und sich im Gelöstsein niederläßt. Er kommt sich und den Empfindungen seiner nächsten privaten Mitmenschen näher. Die Protesthaltung der Ratio wird aufgeweicht und die Vernichtungsabsicht der Angst aufgesogen. Das körperliche und geistige Entspannen öffnet den Innenraum der Persönlichkeit für andere Aspekte des lebendigen Daseins. Denn auch das Andere ist Leben! Das Leid aber, täglich an der Aufgabe scheitern, den Herausforderungen gegenüber versagen zu können, drückt noch zu sehr auf das Seelische vieler Führender. Und so bleiben sie meist mit starrer Intellektualität gepanzert und verweisen hartnäckig alles Andringen von Außerberuflichem auf ihr Alter. All jenen aber sei gesagt:

- Altwerden ist eine Gnade, Altsein eine Kunst.

VI. Kapitel
Das Hierarchische

1. Autorität und Autonomie

In den Betrachtungen der Benediktregel für die Gegenwart hätte ein bedeutendes Aussageelement gefehlt, wenn das Hierarchische nicht zur Sprache gekommen wäre. Ist doch die Regel besonders vom Hierarchischen geprägt, von Autorität und von Autonomie. Ich will deshalb auch in diesem Kapitel immer wieder zur Gegenwart und zum Führungsverständnis des Heute überblenden. Wir kehren zum Kapitel 2 „Die Eigenschaften des Abtes" zurück und wollen einige Merkmale seines Anforderungsprofils anschauen.

> „Ein Abt, der würdig ist, ein Kloster zu leiten, muß immer den Titel bedenken, mit dem er angeredet wird, und muß der Bezeichnung „Oberer" durch seine Taten gerecht werden ... Der Abt muß wissen: Für jeden Verlust, den der Hausherr bei seinen Schafen feststellt, trifft den Hirten die Verantwortung ... Er zeige mehr durch sein Beispiel als durch Worte, was gut und heilig ist ... Er soll im Kloster niemand bevorzugen ... bei Gott gibt es ja kein Ansehen der Person ... Der Abt soll also allen die gleiche Liebe erweisen und ihrer Tugend entsprechend alle gleich behandeln."[83]

Gewiß ist die Regel auch entstanden, um, der allgemeinen Zentralisierung der römisch-katholischen Kirche folgend, Autorität schlechthin zu sichern. Aber es ist doch ein Autoritätsverständnis, das sich nicht aus dem persönlich Menschlichen des Abtes allein ableitet, sondern mehr noch aus der Persönlichkeit von Jesus Christus. So heißt es bereits im zweiten Satz des 2. Kapitels: „Der fromme Glaube sieht in ihm ja den Stellvertreter Christi im Kloster." Der Abt verkörpert zuallererst die Autorität Jesu und handelt aus dieser Autorität heraus. Dies stellt allerdings auch an sein Persönlichkeitsprofil sehr hohe Erwartungen. So ist er sittlich verpflichtet, die Normen der Gemeinschaft in besonderer Weise zu erfüllen, um das Vertrauen der Klostergemeinschaft zu erhalten. Weil sich an diesen sittlichen Erwartungen an den Führenden bis heute nichts geändert hat, will ich diese Gedanken nun ein wenig erweitern und sie auf das Führen in der Gegenwart übertragen.

In meinen Ethikveranstaltungen spielen die Begriffe „verliehene" und „gewachsene" Autorität eine bedeutende Rolle. Beide Weisen von Autorität begegnen uns im Alltag schlechthin. Ich will zunächst die „verliehene Autorität" darstellen. Hierunter verstehe ich die von außen durch einen hierarchischen Auftrag zugeschriebene Kompetenz von Führungsfähigkeit. Oder anders gesagt: Ein Mensch wird zum Führenden durch die Aufgabe, die ihm auferlegt wird. Vermutlich hat er selbst – aus welchen Gründen auch immer – zu diesem hierarchischen Aufstieg beigetragen. Zwischen seinem Persönlichkeitsprofil und den Erwartungen an sein Führungskönnen bestehen jedoch erhebliche Diskrepanzen. Diese Unstimmigkeiten, die sich in Unsicherheiten manifestieren, werden von den Geführten sorgfältig beobachtet. Welche Merkmale kennzeichnen nun einen Führenden mit verliehener Autorität? Einiges Markante sei genannt:

- auffallende, überbetonte Neigung zu materiellem Status
- Erwartung an die Geführten, in seiner Autorität als Führender hinreichend respektiert zu werden (zum Beispiel mit Titel angesprochen zu werden)
- deutliche Neigung, sich mit anderen Autoritäten häufig in Verbindung zu bringen (auffallend ichbetont darüber zu berichten, mit wem er häufiger Kontakt pflege)
- spricht häufig in Behauptungen, da er entweder nicht zur Beweisführung fähig ist oder meint, die Geführten müßten ihm glauben, weil er es sage
- sucht nicht die wirkliche emotionale Nähe, da er befürchten muß, die Geführten könnten Schwachstellen an ihm entdecken (was er

zu Recht befürchtet, weil er vermutlich auf ungeraden Wegen in die Position und hierarchische Höhe gekommen ist)

- spricht stark egozentriert, um sein Können hervorzuheben
- rückt sich schnell – meist mit Kampfdialektik – in den Mittelpunkt des Interaktionsgeschehens, so daß ihn die Sprechenden bei ihren Beiträgen indirekt um Erlaubnis fragen, das Nachfolgende sagen zu dürfen
- formuliert manipulativ und suggestiv und nutzt damit die hierarchische Abhängigkeit der Geführten aus
- kontrolliert überaus stark die Aktivitäten der Geführten, um sein eigenes Maß an Versagensangst zu reduzieren
- neigt zu überdurchschnittlicher Selbstdarstellung, die sich etwa in der Länge der Redebeiträge äußert, mit denen er rücksichtslos die Gesprächsanteile der Geführten stiehlt
- ist sehr leicht erreichbar für informelle Aussagen (Gerüchte), da er selbst auf Grund seiner latenten Unsicherheit auch Gegenstand eines solchen Gesprächsumlaufs werden könnte
- ist nur schwer für Rückmeldungen erreichbar, da er nicht über die Souveränität verfügt, die passive Kritikfähigkeit einfordert
- insgesamt starke narzißtische Züge

Es liegt nahe, daß Führende dieses Zuschnitts viel Kraft aufwenden müssen, um ihre Lebenslüge zu bewältigen. Die eigene Größe immer wieder hervorzuheben, das fordert sehr viel vom Führenden, weil er es gegen den inneren Widerstand der Geführten tun muß. Die meisten glauben ihm nämlich nicht! Ein solches Lebenskonzept wird auf die Dauer brüchig. Es läßt sich schließlich nur noch mit Macht in all ihren bedrohlichen Ausuferungen, materieller Unabhängigkeit oder Protektionismus aufrechterhalten. Dauerhaft erhält der Führende dieses Typs kein Vertrauen. Er führt mit Angst – mit eigener und mit jener, die er in den Geführten erzeugt. Aus der betriebswirtschaftlichen Sicht sind solche Führende durchaus erfolgreich, wenn wir darunter lediglich das Ergebnis mit schwarzen Zahlen verstehen. Er ist nicht erfolgreich, wenn wir die Stimmung im Unternehmen, in der Abteilung oder in welcher Einheit auch immer einbeziehen.

- Personen, die mit verliehener Autorität führen, sind vor allem den Antrieben ihrer negativen Gefühle gefolgt. Dies bedeutet auch, daß sie diese gelegentlich auf die Geführten projizieren.

Menschen mit „gewachsener Autorität“ haben in ihrem Leben zwar auch dafür und daran gearbeitet, durch Können in der Hierarchie aufzusteigen; doch der Weg nach oben ist ihnen durch das natürliche Überzeugenkönnen, das sie ausstrahlen, erleichtert worden. Niemand hat auf ihrem Weg in die höhere Hierarchie durch ihr Handeln Schaden erlitten. So seien auch hier einige Merkmale genannt:

- grundsätzlich offener Kommunikationsstil (geht aus innerem Bedürfnis zu den Geführten, um mit ihnen zu sprechen, und läßt sie nur in Ausnahmesituationen rufen)
- emotionale Offenheit und Nähe (spricht auch über sich selbst, aber nicht egozentriert, sondern als Eingeständnis eigenen Unvermögens und persönlicher Konflikte)
- lockerer, aber durchaus konzentrierter Gesprächsstil
- gibt die Neigung zu gedanklicher Entwicklung zu erkennen
- wirkt eher bescheiden, zurückhaltend und dennoch entschlossen
- kann delegieren und erhält das Vertrauen der Geführten
- akzeptiert Status, aber ist nicht enttäuscht, wenn nicht alle Wünsche erfüllt werden
- anschauliche Darstellungsfähigkeit
- hört zu, um auf den Gesprächspartner einzugehen und nicht um den eigenen Standpunkt zu stabilisieren
- zeigt eine generell menschenfreundliche Art mit Konsequenz und verbindlichem Durchsetzungsvermögen

Aus diesen – längst nicht vollständigen – Merkmalen ist es leicht, die „gewachsene Autorität“ als eine persönliche Qualität zu erkennen, die auf Grund ihrer weitgehenden Identität mit sich selbst bei den Geführten allgemeine Akzeptanz genießt.

In der Persönlichkeit des Abtes nun verschmelzen verliehene und gewachsene Autorität zu einem sittlich Ganzen, das die Glaubwürdigkeit der Geführten, also der übrigen Mönchsgemeinschaft erhält. Manches dieser Kriterien, das für die Einsetzung des Abtes gilt, sollte auch heute für die Auswahl von Führungskräften, für die Suche nach neuen Managern herangezogen werden. Ich will einige Stellen aus dem Kapitel 64 „Die Einsetzung des Abtes“ herausgreifen:

> „Bei der Einsetzung des Abtes gelte immer der Grundsatz, daß der bestellt wird, den sich die ganze Klostergemeinde einmütig, in der Furcht Gottes, oder ein auch noch so kleiner Teil der Klostergemeinde nach besserer Einsicht wählt … Der eingesetzte Abt bedenke immer, welche Last er übernommen hat und wem er über seine Verwaltung Rechenschaft ablegen muß. Er soll wissen, daß er mehr zum Helfen als zum Befehlen da ist … Er muß keusch, nüchtern, barmherzig sein. Und immer soll er lieber Erbarmen walten lassen als strenges Gericht, damit ihm selbst das gleiche zuteil werde … Er sei nicht aufgeregt und überängstlich, nicht maßlos und eigensinnig; nicht eifersüchtig und nicht argwöhnisch, sonst kommt er ja nie zur Ruhe. Bei seinen Befehlen sei er umsichtig und überlegt … Er achte auf diese und andere Schriftworte von der weisen Mäßigung, der Mutter der Tugenden, und ordne alles so maßvoll an, daß die Starken angezogen und die Schwachen nicht abgeschreckt werden. Vor allem muß er diese vorliegende Regel in allen Punkten beobachten …“[84]

Einen klassischen Führungskonflikt schildert Benedikt im Kapitel 65, das über den „Prior des Klosters“ berichtet. Dieses Konfliktthema ist noch so aktuell, daß es auch heute manchen Führenden ansprechen kann. Zitat:

> „Es kommt öfters vor, daß die Einsetzung des Priors (Stellvertreter des Abtes) in den Klöstern zu schweren Konflikten führt; denn es gibt Leute, die sich, vom bösen Geist des Stolzes aufgebläht, einbilden, sie seien zwei Äbte. Sie maßen sich willkürlich die Macht an, schüren

Konflikte und stiften Zwietracht in den Klostergemeinden. Das kommt besonders dort vor, wo der gleiche Bischof oder die gleichen Äbte, die den Abt einsetzen, auch den Prior einsetzen. Wie unsinnig das ist, sieht man leicht ein; denn gleich vom ersten Tag an, da der Prior eingesetzt ist, wird ihm Anlaß zum Stolz gegeben. Seine Gedanken flüstern ihm ein, er sei der Gewalt seines Abtes entzogen; sie sagen zu ihm: ‚Du bist ja von denselben eingesetzt, die den Abt eingesetzt haben.' Daraus entstehen Neid, Streitereien, Verleumdungen, Eifersüchteleien, Zwietracht und Unordnung. Denn wenn Abt und Prior gegensätzlicher Meinung sind, bringt dieser Zwiespalt notwendig ihre eigene Seele in Gefahr, und auch ihre Untergebenen stürzen ins Verderben, wenn sie den Parteien schmeicheln. Die Verantwortung für diesen gefährlichen Mißstand trifft in erster Linie jene, die eine solche Unordnung verursacht haben.

Wir halten es deshalb zur Sicherung des Friedens und der Liebe für besser, daß der Abt die Ämter in seinem Kloster nach freiem Ermessen besetzt."[85]

Benedikt weiß um die Gefahren und Auswirkungen des Stolzes. Ich nehme dies zum Anlaß, um einige Gedanken zum Thema „Autonomie" folgen zu lassen.

In den letzten Jahren sind die Worte „autonom" und „Autonomie" zu bedeutenden, aber auch belastenden politischen Schlagworten geworden. Beinahe weltweit gibt es noch immer Autonomiebestrebungen, worunter ein Selbständigwerden, das Streben nach Eigenständigkeit, nach Selbstverwaltung eines Landes oder einer politischen Einheit verstanden wird. Wie wir erleben können, fordert der Weg zur Autonomie viele Menschenleben, zerstört Landschaften und Wohngebiete; denn die Kämpfe um die Selbständigkeit, das gewaltsame Herauslösen aus der Bevormundung einer politischen Zwangszugehörigkeit sind Handlungen radikalen und brutalsten Ausmaßes. Der Wille zur Freiheit einer Völkergemeinschaft scheint vor den härtesten militärischen Schritten nicht zurückzuschrecken, und sei es, daß ein großer Teil der Freigewordenen dieses Freisein nicht mehr erleben kann, weil die Hälfte der kämpfenden Bevölkerung tot ist. Autonomie bedeutet hier also zuerst Selbständigkeit und mit fast gleichem Wollen die Anerkennung durch die Mitwelt. Die Wurzel dieser so verstandenen Autonomie ist das extreme Bedürfnis nach Identifikation. Die politische oder religiöse Identifikation eines Volkes überschreitet oftmals die Grenzen jeglicher Humanität, um der eigenen Identifikation einen Lebensraum zu verschaffen.

- Das fanatische Streben nach Autonomie läßt die Identifikation zur Ignoranz verkommen. Sie ist Ausdruck einer krankhaften kollektiven Egozentrizität.

So wie eine ganze Völkergemeinschaft nach Autonomie strebt, finden wir dieses Streben auch in der menschlichen Persönlichkeit. Doch hier erhält „Autonomie“ noch eine feinere Bedeutung, da sie sich auf das seelische und sittliche Werden eines Menschen bezieht. Wir übersetzen „autonom“ aus dem Altgriechischen mit „eigengesetzlich, nach eigenen Gesetzen lebend, selbständig, unabhängig“. Die Autonomie der Persönlichkeit ist neben der Liebesfähigkeit das am meisten erstrebenswerte Lebensziel. Was ist nun damit gemeint? Das Leben eines Heranwachsenden ist zunächst davon geprägt, von seinen Bezugspersonen und der weiteren Mitwelt Normen gesetzt zu bekommen, an denen er sich für seine Lebensgestaltung orientieren kann. Der junge Mensch erkennt, daß ein bestimmter Teil dieser Handlungs- und Verhaltenshinweise sinnvoll und nützlich für sein Leben ist. Andere Normen wiederum wird er ablehnen, nachdem er sich mit ihnen auseinandergesetzt hat; oftmals aber wird er Normen auch schon deshalb ungeprüft ablehnen, weil er die Personen oder Institutionen, die ihm Normen vorschreiben, nicht oder nur schwer akzeptieren kann. Der Sinn der pubertären Auseinandersetzung liegt aus ethischer Sicht auch darin, dem Heranwachsenden die Chance zur Reibung mit dem Gegebenen zu bieten und für sich Lebensfähiges zu erproben. Dabei wird die Normenkollision, die häufig stattfindet, auch den Erwachsenen helfen, ihr eigenes Wertesystem erneut zu überprüfen. Die Lebensanleitung, die ein Heranwachsender empfängt, hat letztlich das sittliche Ziel, ihn zu befähigen, Normen für sein eigenes Leben festzulegen und nach ihnen zu leben. Zugleich aber möge eine Harmonie zwischen den individuellen und den sozialen, den gesellschaftlichen Normen bestehen. Denn die Entwicklung individueller Normen geschieht im allgemeinen unter der Obhut des gesellschaftlich internalisierten Normengefüges. Der Prozeß der persönlichen Reifung, in dem dieses sittliche Geschehen stattfindet, heißt „Gewissensbildung". Das Gewissen ist jene Instanz, in der die Normen für die eigene Lebensführung entwickelt und verankert werden. In diesem Zusammenhang möge deutlich werden, was eine konstruktive Gewissensbildung für das Leben des einzelnen und das gesellschaftliche Leben bewirkt. Unter „konstruktiv" ist hier eine Gewissensprägung zu verstehen, die es vermag, Normen als sinnvoll und lebbar darzustellen. Dies erhöht die Akzeptanz der Normen bei jungen Menschen in besonderer Weise. Hinzu tritt die Glaubwürdigkeit der Bezugspersonen, die diese Normen selbst leben.

Der junge Mensch benötigt also für seine Lebensgestaltung sittliches Rüstzeug, das ihm hilft, im Einklang mit sich selbst und mit der übrigen Menschengemeinschaft zu leben. Seine Reife im Erwachsenwerden wird daran gemessen, ob er für sein Handeln nach eben diesen Normen die Verantwortung übernimmt. Viele Jahre sind notwendig, um für sich selbst zu einem brauchbaren Handlungskonzept zu gelangen. Krisen und Konflikte erfüllen dabei die Aufgabe, das Erworbene in Frage zu stellen, den Lebenskurs zu korrigieren und das Lebensneue in die Persönlichkeit aufzunehmen. Der aufmerksam Lebende wird auch die offenen wie versteckten Signale für seine Lebenskorrektur aufgreifen und sie anhand seiner Werteskala überprüfen. Allmählich wird ein solcher Mensch „erfahren". Mit „Erfahrung" meinen wir in der Persönlichkeitsbildung die Summe der reflektierten Erlebnisse eines Menschen. Ein Mensch nun wird selbständig, also autonom, wenn er über ein hinreichendes Normengefüge in seiner Persönlichkeit verfügt, das ihm für seine Lebensorientierung zu bestimmten Haltungen, Auffassungen, Wertungen verhilft. Dieses

Normengefüge wird für ihn zur entscheidenden Handlungsgrundlage. Oder noch anders ausgedrückt: Der autonome Mensch lebt nach selbstgesetzten Normen. So bekennt er sich auch zu seinem Handeln und rechtfertigt es in Konflikten. Oftmals tragen Lebenskrisen in der beruflichen oder privaten Sphäre dazu bei, das bisher gültige Normengefüge fundamental zu erschüttern und sich anderen, dem neuen Lebensverständnis angemessenen Normen zuzuwenden.

- Die autonome Persönlichkeit empfängt die Steuerung ihres Lebens aus ihrer Wesensmitte.

Die fehlgeleitete Autonomie aber führt zu einem maßlosen Egoismus. Sie ist fehlgebildet, wenn die Vermittlung von Normen lediglich die Befriedigung ichzentrierter Bedürfnisse propagiert und damit die Dominanz des Ichs geweckt hat.

- Der Stolz eines Menschen ist Ausdruck seines fehlgeleiteten Autonomieverständnisses.

Die Störung im Ich hat stets eine Fehlinterpretation von Autonomie zur Folge. Im Stolz des Menschen als einer – nach Benedikt – aufgeblähten Darstellung falsch verstandenen und übertriebenen Selbstbewußtseins tritt dieses psychisch hilflose Ich in einen Vergleich zu seiner Mitwelt. Doch es findet keine Akzeptanz, weil es sich über die Mitmenschen erhebt. Das ewige Aufbegehren des Ichs, das kein Hindernis scheut, um sich ständig bestätigt zu sehen, sprengt, meistens heimlich, das von einer Gemeinschaft gegebene Normengefüge.

- Wer kein Maß kennt, wer Vorgegebenes nicht respektiert, verliert sich allmählich im Raum seines Verlangens.

Denn die fehlgeleitete Autonomie ignoriert das Maßvolle. Um auch in dieser Weise einen Prozeß der Lenkung der Persönlichkeit einzuleiten, hat Benedikt zum Beispiel das „Maß der Speise“ und das „Maß des Getränks“ festgelegt. So sagt er:

> „Doch muß vor allem die Unmäßigkeit vermieden werden, und nie darf der Mönch bis zur Übersättigung essen; denn nichts verträgt sich so wenig mit jedem Christen wie die Unmäßigkeit. Sagt doch unser Herr: ‚Nehmt euch in acht, daß nicht euer Herz durch Unmäßgkeit beschwert wird.'"[86]

In ähnlicher Weise ermahnt er die Mönche hinsichtlich des Weintrinkens. Im Kapitel 40 lesen wir:

> „Indessen glauben wir mit Rücksicht auf die Unzulänglichkeit der Schwachen, daß eine Hemina Wein (etwa ein Viertelliter) für jeden im Tag reichen sollte. Wem Gott aber die Kraft gibt, sich davon zu enthalten, der wisse, daß er einen besonderen Lohn empfangen wird ... Zwar lesen wir, der Wein sei überhaupt nichts für Mönche; da man aber die Mönche unserer Zeit davon nicht überzeugen kann, sollten wir uns wenigstens dazu verstehen, nicht bis zur Sättigung zu trinken, sondern weniger; denn der Wein bringt sogar die Weisen zum Abfall."[87]

Beide Ermahnungen gelten wohl in besonderer Weise für den Menschen der Gegenwart, ist es doch inzwischen nicht nur das Essen und Trinken, das den Menschen der vermeintlich „kultivierten Welt" in die Maßlosigkeit getrieben hat. Dem Heute fehlt weitgehend eine kollektive Autonomie, die dem Menschen unserer Zeit sagte, daß er sich in seinen Erwartungen an fast alles nun endlich einmal begrenzen möge. Nur zaghaft sprechen gegenwärtig einige Politiker davon, wir hätten zu lange „über unsere Verhältnisse" gelebt.

Weil eine Überflußgesellschaft sich kaum einen ihrer Wünsche versagt, erleidet sie auch in den Augen junger, noch kritischer Menschen einen Autoritätsverlust.

- Fehlende Autonomie der Persönlichkeit bedeutet auch immer Fehlen oder Verlust von Autorität.

Die vergebliche Suche nach vorbildlichen familiären oder politischen Persönlichkeiten hat manchen Jugendlichen veranlaßt, sich anderen, oft extremen Gruppen zuzuwenden, in denen sich Autorität und Autonomie leider in einem neurotischen Aufmarsch von Radikalität bedrohlich gebärden. Ich denke dabei allerdings auch an religiöse Fanatiker. Was ist nun für die Entwicklung von autonomer Tiefe in der Persönlichkeit gegenwärtig zu tun?

Die Autonomie als innere Autorität, als gewordene Grundlage für praktizierte Sittlichkeit hat ihren wahren Ursprung in der Theonomie. Unter „Theonomie" verstehe ich die „göttliche Gesetzlichkeit", also eine Normgebung durch die höchste metaphysische Instanz. Über der Autonomie im bisher dargestellten Verständnis existiert die Theonomie als die für die menschliche Gesellschaft gesetzgebende Kraft. Fundamental bei diesen Überlegungen ist, daß die menschliche Autonomie die Theonomie anerkennt. Denn diese Akzeptanz des Theonomen bleibt für die menschliche Autonomie nicht ohne Auswirkungen. So bedeutet die Akzeptanz der Theonomie zugleich eine Begrenzung der Allmacht des Ichs.

- Die Akzeptanz des Theonomen ist die Vollendung der Demut.

Mit der Achtung vor einem göttlichen Gesetz ist zugleich die menschliche Eigengesetzlichkeit relativiert. Das bedeutet:

- Es gibt keine absolute menschliche Autonomie. Damit ist auch das Freisein des Menschen relativiert.

Mit wahrer, vollendeter Demut hat dies alles insofern zu tun, als der Mensch sich in seinem Begrenztsein akzeptiert und den Allmachtswünschen des Ichs weitere Expansionen verbietet. Im praktischen Alltag müssen viele Menschen – vor allem Führende, weil sie auf Grund ihrer psychischen Antriebe in ihren Entfaltungstendenzen besonders dynamisch, aber auch gefährdet sind – erleben, daß sie an die Grenze ihrer persönlichen Autonomie geführt werden. Meist geschieht dies durch schwere Krisen, an deren Ende oft die Einsicht steht, nunmehr doch anders handeln zu müssen und – wie manche wieder gesundete Patienten sagen – „die eigenen Grenzen zu akzeptieren".

- Autonomie heißt damit letztlich Akzeptanz des eigenen Begrenztseins. Für die menschliche Persönlichkeit gibt es eine Eigensteuerung nur im Rahmen der Fremdsteuerung durch die Theonomie.

So ist die psychologisch oft eingeforderte Eigensteuerung als Ziel der Persönlichkeitsentwicklung eines Menschen schließlich nur insofern gültig und wirkungsvoll, als sie sich einem Geführtwerden durch das Theonome beugt. Gewiß wird sich dieses Führen innerhalb weit gesteckter Grenzen ereignen. Doch es ist im Laufe eines langen Lebens eine Frage des Bewußtseinsstandes, eben des menschlichen Reifwerdens, ob sich ein Mensch in selbstherrlicher Weise seine Verdienste zuschreibt oder ob er sein gelungenes Lebenswerk einer Göttlichkeit zuordnen kann, die ihm dazu den Weg ermöglicht hat.

Eine Autonomie jedenfalls, die allein das menschliche Ich als entscheidend Handelndes darstellt, geht weiterhin den Weg einer narzißtischen Selbstbetrachtung. Sie versäumt, zu sehen, daß in die Ich-Entwicklung stets der behütende Schatten des Göttlichen hineinragt. Eine solche Autonomie, die ihr Begrenztsein annehmen kann, wird auch mit dem Hierarchischen schlechthin keine Konflikte haben. Eine hierarchische Struktur unseres Lebens zu akzeptieren gelingt dann um so eher, je weniger das Unterordnen als eigenes psychisches Problem empfunden wird. Damit ist keinesfalls gesagt, daß das Unterwerfen unter eine Hierarchie und unter eine Fremdsteuerung hingenommen werden müsse. Nein, überall dort, wo der autonome Mensch ein Handeln gegen die Sittlichkeit beobachtet, muß er geradezu seinen Protest erheben als Ausdruck seines eigenen, aber auch theonomen Wirkens in seiner Persönlichkeit. Eine solche Konfliktbewältigung ist deshalb konstruktiv, weil sie dem sittlichen Gelingen gemeinsamen Menschseins neue Bedeutung verschafft. So wirken gewachsene Autorität, persönliche Autonomie und Theonomie letztlich ineinander und gestalten dauerhaft auch das wirkliche Überzeugungsvermögen eines Führenden. Das ewig-gültige Gebundensein des menschlichen Ichs läßt Autonomie nur innerhalb dieser Begrenzung zu. Wird diese Begrenzung akzeptiert, so ist es möglich, Autonomie und Freiheit zu einer sinnvollen sittlichen Daseinsform zu verbinden.

2. Über das Herrschen

Aus der Sicht des Hierarchischen ist die Benediktregel ein religiös initiiertes Normengefüge, das die Rangordnung als ein Notwendiges betrachtet, soll ein Sozialgebilde wie eine Klostergemeinschaft auch dauerhaft lebensfähig sein. In einem eigenen Kapitel, dem Kapitel 63, ist „die Rangordnung in der Klostergemeinde" dargestellt. Wir lesen dort:

> „Die Brüder sollen im Kloster ihre Rangordnung so einhalten, wie sie durch die Zeit des Eintritts und durch verdienstvolles Leben bestimmt und wie sie vom Abt festgelegt wird …
>
> In der Rangfolge also, die er festsetzt oder die den Brüdern von selbst zukommt, gehen sie zum Friedenskuß, zur Kommunion, zum Psalmenvortrag, und stehen sie an ihren Plätzen im Chor. Und nirgendwo darf das natürliche Alter die Rangordnung bestimmen oder beeinflussen. Haben doch Samuel und Daniel, obgleich sie noch jung waren, über Alte Gericht gehalten. Von denen also abgesehen, denen der Abt, wie wir sagten, nach reiflicher Überlegung einen höheren oder aus bestimmten Gründen einen niedrigeren Platz zuweist, nehmen alle anderen den Platz ein, der ihrem Eintritt entspricht …
>
> Die jüngeren Brüder sollen die älteren ehren, die älteren die jüngeren lieben … Der Abt wird ‚Herr' und ‚Abt' genannt, weil der fromme Glaube in ihm den Stellvertreter

> Christi sieht. Das maßt er sich nicht an; vielmehr ehrt und liebt man Christus in ihm. Er muß aber daran denken und sich so verhalten, daß er solcher Ehre würdig ist. … So handelt man nach dem Schriftwort: 'Übertrefft einander in gegenseitiger Achtung!'"[88]

Auch noch in anderen Kapiteln wird direkt und indirekt erkennbar, welchen Wert Benedikt dem Hierarchischen als dem bedeutendsten Prinzip eines würdigen Umgangs miteinander zuschreibt. Alles Hierarchische aber steht unter dem Postulat des Dienens und der Demut. Wie lächerlich mag in der Gegenwart mancher Auftritt von Managern wirken, die sich über Führungsverhalten und Dienen äußern, in ihrer eigenen Persönlichkeit aber nicht die Spur einer Bereitschaft erkennen lassen, das Gesagte zu repräsentieren. Nicht wer am meisten über das Dienen spricht, ist auch am ehesten bereit, zu dienen. Vielmehr scheint unserem demutsfernen Zeitalter auch das Dienen entfremdet worden zu sein. Noch immer heißt die Grundbedeutung von „dienen" „Knecht sein" (wie in lat. „servire" neben „servus").

- Wahres Dienen setzt Demut voraus. Es ist ein Dienst am anderen ohne Erwartungen.

Unser gegenwärtiges Leben dagegen ist mehr vom Herrschen als vom Dienen und der damit verbundenen Demut geprägt. Bestimmte „niedrige" Arbeiten werden mehr den ausländischen Mitbürgern zugeschoben; auf Annoncen für Haushalts- und Reinigungsarbeiten zum Beispiel melden sich fast ausschließlich ausländische Mitbürgerinnen. Oft entsteht beim kritischen Betrachter all dieser Bewertungen der Eindruck, der deutsche Bürger lasse sich eher einen Unterhalt vom Staat zahlen, als sich für dienende Arbeiten zur Verfügung zu stellen. Diese falsche, dünkelhafte Selbstbewertung zeugt von einer sozialen Arroganz, die nur durch tiefliegende Ängste im Inneren vieler Menschen erklärt werden kann. Denn der bequeme Bürger übt auch Herrschaft gegenüber dem Staat aus, indem er mit seiner persönlichen „Not" die Schuldgefühle des Sozialstaates heraufbeschwört.

Benedikt bringt das Hierarchische unmißverständlich mit Würde in Verbindung. Die Hierarchie nämlich erlaubt es, vom Mönch Verantwortung für die Gemeinschaft einzufordern. Nur eine Hierarchie, die im Dienst des Gemeinsamen steht, ist wirklich sinnvoll und dauerhaft glaubwürdig. Darin besteht auch die Sittlichkeit des Hierarchischen: Die Macht, die dem Führenden durch die Hierarchie verliehen ist, für das Fortbestehen des Gemeinschaftlichen einzusetzen.

- Die Würde des Hierarchischen wird bestimmt durch den Umgang des Führenden mit der ihm verliehenen Macht.

Krishnamurti bezeichnet die Macht als den „Schoß alles Bösen". Er führt weiter aus:

> „Macht ist mehr als Besitz. Macht ist etwas Größeres als Reichtum und Ideen. Ideen führen zur Macht, dann aber mögen sie beiseite geschoben werden, die Macht folgt ihnen nicht nach, sie bleibt. Man kann sich durch Bescheidenheit, durch Tugend, durch eine Partei, ja sogar durch Selbstverleugnung Macht verschaffen, dann aber sollte man sich nicht darüber täuschen, daß einem auch das Gute nur als Mittel und Vorwand dient ... Versagen heißt nichts anderes als auf Erfolg und Macht verzichten müssen."[89]

Die Möglichkeit nun, den eigenen Willen auch gegen den Widerstand des Mitmenschen durchzusetzen, bezeichne ich mit „Macht". Das Einsetzen der Mittel, die zur Ausübung von Macht führen, nenne ich „Herrschen". Aus ethischer Sicht sind Macht und Herrschen zunächst keine negativen Phänomene menschlichen Begegnens. Denn auch aus dem bisher in der Regel Benedikts Beleuchteten ist klar ersichtlich, daß das Hierarchische der Klostergemeinschaft dem Herrschen und der Macht des Abtes breiten Raum gestattet. Ja, die Ordensregel ist ein bedeutendes Instrument, das Herrschen zugunsten des Seelischen im Mitbruder zu vollziehen. Fehlt einem Führenden die sittliche Bildung und läßt er den Weitblick für die seelische Entwicklung des

Geführten vermissen, so kann das Herrschen zu einer moralischen Katastrophe auswuchern.

Allerdings beschäftigen wir uns in diesem Buch mit christlicher Sittlichkeit. Und aus dieser Sicht sollte sich Herrschaft anders als nur als eine institutionalisierte Machtausübung darstellen. Eine Herrschaft gar, die Gewalt anwendet, um den eigenen Willen gegenüber Geführten durchzusetzen, ist im Christsein schlechthin nicht denkbar. Wie wir bisher im benediktinischen Menschenbild sehen konnten, ist Herrschen trotz aller Strenge im Hierarchischen auf dem Fundament des Brüderlichen errichtet. Doch es geht bei den Überlegungen zur Herrschaftsausübung auch um die versteckten, oftmals gut getarnten Formen des Herrschens im heutigen Lebensalltag. Es geht um Herrschen und Beherrschtwerden, das sich häufiger in ein soziales Gewand hüllt, manchmal gar maskiert als Liebe aufzutreten scheint, und das in seiner Absicht egoistische Haltungen zutage fördert, die des wahren Wohlwollens oft entbehren. In diese Herrschaftsbeziehungen ist ein emotionaler Zwang eingedrungen, der es schwermacht, zwischen dem wahrhaft sittlich Verantworteten und den Egoismen des einzelnen zu unterscheiden. Es ist ein zwiespältiges Herrschen, bei dem die Intention des Herrschenden nicht immer geklärt ist. So lassen sich die nachfolgenden Herrschaftsbeziehungen durchaus auch als mitmenschlich bezeichnen, wenngleich das Motiv des Herrschaftsausübenden nicht immer geklärt ist. Die Beherrschten jedoch empfinden häufiger etwas Maskenhaftes, das den Einblick in das wirklich Motivierende des Herrschenden verhängt. Damit bleiben manche Beziehungen – oft ein Leben lang – ungeklärt. Lediglich die Schilderungen der Beherrschten geben zu erkennen, daß ihr Lebensgefühl mehr von der Dominanz als von der Zuwendung des Herrschenden bestimmt war. Ich denke dabei beispielsweise an folgende Herrschaftsbeziehungen:

- das Herrschen im Wirtschaftsleben: des Führenden über den Geführten, wobei der Führende vorgibt, das Wohl des Geführten im Auge zu haben, letztlich jedoch sich selbst profilieren will
- das Herrschen der Eltern über ihre Kinder: die Eltern handeln, wie

sie sagen, aus „Liebe“ zum Kind, verwirklichen während der Erziehung jedoch ihre Normen und verhindern eine Selbstentfaltung des Kindes
- das Herrschen des sozial Gebenden über den Nehmenden: der Gebende baut eine soziale Abhängigkeit auf und veranlaßt den Empfangenden zu unfreiwilligen Leistungen (Wohnungen werden an alleinstehende Frauen vermietet, um im Laufe der Zeit sexuelle Nötigungen zu praktizieren)
- das Herrschen des Wissenden über den Suchenden: der Informierende setzt seinen Informationsvorsprung ein, um den Lernenden in eine geistige Richtung zu lenken, die er bei freiwilliger Entscheidung nicht eingeschlagen hätte (ideologische Schulung jeder Art)
- das Herrschen des Besitzenden über den Besitzlosen: der Besitzende gibt vor, durch seine Besitztümer die materielle Existenz des Besitzlosen zu sichern, stabilisiert aber vor allem seine Rechte, die er meint aus seinem Besitz ableiten zu können
- das Herrschen des Gesunden über den Kranken: der Gesunde stellt sein pflegendes Tun als sozial und christlich dar, handelt aber letztlich, um sich selbst Ehre in den Augen der Mitwelt wegen seiner Selbstlosigkeit zu verschaffen
- das Herrschen des Männlichen über das Weibliche: das Männliche stellt sich in der Gesellschaft als leistungsfähiger gegenüber dem Weiblichen dar, befürchtet jedoch im Unbewußten eine Unterlegenheit

Besonders bedenklich sind aus der Sicht christlicher Sittlichkeit jene Formen von Herrschaftsausübung, die nach dem ausdrücklichen Zeugnis der Bergpredigt Christlichkeit erschweren, sogar verhindern können:

- das Herrschen der Reichen über die Armen
- das Herrschen derer, die ein glückliches Leben führen, über die Trauernden und Leidtragenden
- das Herrschen der Willkür über die Sanftmütigen
- das Herrschen der ungerecht Handelnden über die, die sich nach Gerechtigkeit sehnen

- das Herrschen der Herzlosen über die Barmherzigen
- das Herrschen der Raffinierten über die, die ein reines Gewissen haben
- das Herrschen der Kriegslüsternen über die, die den Frieden lieben, die Friedensstifter
- das Herrschen derer, die Verfolgungen inszenieren, über die Verfolgten
- das Herrschen derer, die üble und böse Nachrede pflegen, über die Verleumdeten

Um Herrschaft über andere Menschen auszuüben, scheint die menschliche Kreativität überaus erfinderisch zu sein. Vermutlich deshalb, weil die Suche nach Wegen zur Bestätigung des Ichs viele Kräfte im Menschen wachruft. Aus dem Neuen Testament wissen wir jedoch, daß Jesus seine Jünger lehrte, Herrschaftsbeziehungen zu unterlassen. Er sagt:

> „Ihr wißt, daß die Herrscher der Völker sie unterjochen und die Großen Gewalt an ihnen verüben. Bei euch soll es nicht so sein, sondern wer unter euch der Größte sein will, soll euer Diener sein, und wer unter euch der Erste sein will, soll euer Knecht sein, so wie auch der Menschensohn nicht gekommen ist, sich bedienen zu lassen, sondern zu dienen und sein Leben hinzugeben als Lösegeld für viele.“[90]

In der Führungskultur mancher Führender gibt es immer wieder Formen des Herrschens, die das Sittliche des Führens als zweifelhaft erscheinen lassen. Ich denke dabei an ideologisch orientierte Führenden. In diese Überlegungen beziehe ich religiöse Fanatiker ebenso ein wie politische Einpeitscher. Letztlich geht es mir also um die Herrschaft des vermeintlich absolut Gültigen. Es ist die Haltung des Absoluten, die aus solchen geistigen Verankerungen spricht. Eine starre Identifikation mit einer bestimmten Lehre hat diese Menschen gefesselt. Aus einem kranken missionarischen Eifer heraus dringen die ideologisch fixierten Menschen in das Bewußtsein ihrer Mitwelt ein. Vielleicht können wir eine solche Geisteshaltung auch als neurotischen Glauben – religiös wie politisch – bezeichnen. Solch eine Herrschaftsausübung schreckt vor Gewaltanwendung nicht zurück (Verhöre in politischen Zirkeln oder bei Sekten). Die Anwendung psychischer Gewalt wird mit dem ideologischen Auftrag, den diese Menschen für die Welt erfüllen müssen, gerechtfertigt. Wer sich allein im Besitz einer bestimmten Wahrheit wähnt, wird vor dem Hintergund dieses verstörten Geltens noch manche soziale wie psychische Repression inszenieren. Dieses brutale Herrschen schlägt nach links und rechts aus und verschafft seiner Intoleranz und Ignoranz einen immer neuen Lebensraum. In diesen dunklen Zonen menschlichen Irrens wachsen die Vorurteile gegenüber allem menschlichen Entfaltungsstreben. Das Kranke an diesem Herrschaftsgebaren ist ein gestörtes Gefühl der Überlegenheit, das den Fanatiker mit Angst erfüllt. Einer unbewußten Angst nämlich, das ideologische Gut wieder verlieren zu können und damit über keinerlei Identifikation zu verfügen. Der ideologische Fanatiker sieht sein Gedankengebäude durch seine Umwelt bedroht und verhält sich deshalb so radikal. Ob linksradikal, ob rechtsradikal, ob religiös radikal – das Phänomen des Herrschens wirft weiter seine strangulierenden Netze, um jeglichen Widerstand zu ersticken.

- Wo die Identifikation mit Angst gepaart ist, bringt sie fanatische Haltungen hervor.

Menschen, namentlich Führende, die ihr Selbstverständnis durch ideologische Zugehörigkeiten definieren, kultivieren in hohem Maße ihre Vorurteile. Ein solches Selbstbegreifen aber führt zur Ausübung von Herrschaft, weil alle negativen Vorurteile auch eine Dominanz des vermeintlich Wissenden über den Unwissenden bedeuten.

Schließlich erscheint mir noch ein Aspekt des Herrschens bemerkenswert zu sein: das Herrschen des Helfenden über den Hilsbedürftigen. Hierbei will ich die Partnerbeziehung, die Eltern-Kind-Beziehung, die Arzt-Patienten-Beziehung, aber auch die berufliche Führungsbeziehung angesprochen wissen. Gewiß ist es ein Ausdruck christlicher Sittlichkeit, einem notbedrängten Menschen zu helfen. Doch zugleich erhebt sich die Frage nach dem Motiv des Helfens. Und hierin wird meist die wahre Absicht des Helfers erkennbar.

- Im Helfen verbirgt sich häufig die Absicht, über den Hilfsbedürftigen Herrschaft auszuüben.

Ich habe im Lebensalltag unterschiedliche Beweggründe des Helfens beobachtet. Zum einen ist mir das Kontrollieren aufgefallen. Indem der Helfer den Kontakt zum Hilfesuchenden pflegt, bietet sich ihm zugleich die Gelegenheit, bestimmte Verhaltensweisen oder Lebensgewohnheiten des anderen zu kontrollieren. Allerdings bedenkt der Kontrollierende meistens nicht, daß er selbst der Unsichere ist, der sich durch die Kontrolle absichert. Das Kontrollieren als Instrument des Herrschens ist im Privatleben besonders dann zu sehen, wenn einer der Partner seine Hilfsbereitschaft dem anderen geradezu aufdrängt. Indem zum Beispiel bestimmte berufliche Kontakte geknüpft werden, erhält die Partnerin oder der Partner Einblick in den Kreis der Gesprächsteilnehmer, die künftig häufiger auftauchen werden. Für einen krankhaft eifersüchtigen Partner ist dies die beste Möglichkeit, emotionale Beziehungen zu einem anderen Menschen zu kontrollieren, ohne einen Konflikt vom Zaune zu brechen. In der Interaktion zwischen Führenden und Geführten einer betrieblichen Hierarchie bietet zwar der Vorgesetzte bei der Lösung bestimmter Aufgaben seine Hilfe an. Doch manche Führende registrieren dabei in sehr aufmerksamer Weise auch das Informelle einer solchen Interaktion, zum Beispiel das Privatleben des Geführten oder mögliche Gerüchte, die über den Führenden in Umlauf gesetzt wurden.

Schließlich kontrollieren Helfer auch hilflose Menschen, um in sehr eigennütziger Weise für sich zu profitieren. Manche Verwandte oder mancher Nachbar erschleicht sich das Vertrauen eines vor allem kranken, alten Menschen, um nach dessen Tod im Testament begünstigt zu werden. Die Hilfe und Altenpflege wird hier zur Herrschaftsausübung mißbraucht, um über die häufige Anwesenheit des Helfenden in einer kontrollierenden Zuwendung zum Hilfsbedürftigen einen materiellen Gewinn zu ergaunern. Das Helfen geschieht also letztlich aus egoistischen Motiven heraus. Wer ständig mit einem kranken Menschen spricht, kann ihn in seiner hilflosen Situation sehr wohl manipulieren. Die Manipulation hat sich die Maske des Helfens aufgesetzt.

Helfen und Herrschaft werden auch spürbar in Begegnungen, in denen sich der Helfende als Ratgeber betätigt. Nicht selten werden aus Empfehlungen Bevormundungen gegenüber dem Hilfesuchenden.

- In allen Bevormundungen, die wir in Gesprächen beobachten, steckt ein Stück Herrschaft über den Bevormundeten.

Der besserwissende Ratgeber meint zwar, dem Ratsuchenden helfen zu können; in Wahrheit jedoch drängt der „gutgemeinte Rat" die Entwicklung eigener Lebensorientierung des Hilflosen zurück. So bleibt am Ende erneut die Suche nach einem Menschen, der die Not des anderen aus einer ehrlichen und wenig egozentrierten Haltung heraus würdigt.

Die maskierte Herrschaft des Helfenden zeigt sich auch in einer erpresserischen Art. Ich meine das Phänomen der Dankbarkeit, die der Helfende vom Hilfesuchenden erwartet. Dies ist wohl eine besondere Perversion des Helfens, weil es zu einer narzißtischen Gebärde entartet. Die Dankeserwartungen von Helfenden finden wir in zahlreichen ehelichen Partnerschaften und in Eltern-Kind-Beziehungen. Nicht wenige Paare belasten ihre Beziehung immer wieder dadurch, daß sie in gegenseitigem Erwarten von Dankbarkeit verharren. Glaubt der eine Partner, ihm sei aus Liebe geholfen worden, so hofft der helfende Partner, daß sich der andere als dankbar und untergeben erweist. Solchen Partnern sei gesagt:

- Das Handeln aus Liebe für den anderen erwartet keine Dankbarkeit.

Fast ein Leben lang tyrannisieren zahlreiche Eltern ihre Kinder mit Dankbarkeitserwartungen. Da diese Eltern ihr Rollenmuster aus einem ehrfurchtgebietenden Selbstverständnis ableiten, kultivieren sie ihre Dominanz über die Kinder durch das Helfen. So handeln sie also nach dem Prinzip: Ich helfe dir, um vor mir selbst und vor den Mitmenschen als guter Mensch dazustehen; und außerdem erwarte ich von dir stets Dank für die Tatsache, daß du unser Kind sein darfst. Die Forderungen des Egos lassen wohl keine andere Sicht als die des Besitzenden und deshalb Gebietenden zu. Das Verlangen nach Dankbarkeit zeigt in Wahrheit die Hilflosigkeit des Helfenden, der sich noch nicht zu selbstlosem Handeln hinbewegen konnte.

Auch viele Vorgesetzte, die zum Beispiel bei Beförderungen junger Führender mitgewirkt haben, erwarten beinahe ein Leben lang Dank von demjenigen, für den sie sich eingesetzt haben. Dies kommt bei gelegentlichen Gesprächen immer wieder zum Vorschein. Der Narzißmus dieser Vorgesetzten treibt sie dazu, den Geführten bewußt zu machen, daß sie ihren ganzen Aufstiegsweg eigentlich ihrem Vorgesetzten zu verdanken haben.

- Das Spiel der Helfer mit den Schuldgefühlen der Hilflosen ist unsittlich, weil es ständig ein Abhängigsein produziert und Autonomie im Keim erstickt.

Die Herrschaft des Helfenden über den Hilflosen wird auch in therapeutischen Berufen sichtbar. Ärzte, Psychotherapeuten, Lehrer, manchmal Seelsorger, von ihrer unersättlichen Eitelkeit geplagt, dehnen Begegnungen mit Hilfesuchenden oft lange aus, weil sie daraus ein Gefühl des Unentbehrlichseins empfangen. Auch diese narzißtische Selbstbestätigung pervertiert das Sittliche ihres helfenden Handelns. Diese therapeutischen Helfer degradieren den Hilflosen zu ihrem seelischen Gehilfen, in dem sie ihre Unersetzbarkeit gespiegelt sehen. Zudem schaffen sie durch einen längeren therapeutischen Prozeß einen Grad an Abhängigkeit im Hilfsbedürftigen, so daß sich auch durch die zeitliche Dauer ein Gefühl sozialer Hierarchie, eben des Abhängigseins, einstellen kann.

Das Herrschen als Tugend zu praktizieren, das ist der eigentlich sittlich begründete Weg des Hierarchischen.

- Das tugendhafte Herrschen ist nicht ohne Be-Herrschen des eigenen Dominanzstrebens denkbar.

Das meint die Beziehung zwischen Herrschen und Demut letztlich: Der sich selbst Beherrschende wird für Geführte als Herrschender glaubwürdig.

3. Hierarchie und Interaktion

Das Hierarchische fordert auch Dialogisches ein. Dies gelingt ihm vor allem dort, wo es einen angstfreien Raum für die Interaktionen schaffen kann. Der angstfreie Raum entsteht nach dem Zurückweichen eines Anspruches, der das Hierarchische unbedingt gewürdigt sehen will. Geschieht dies nicht, bleibt die Bestrafungsangst des Geführten als sehr Bedeutendes seines seelischen Befindens bestehen. Auch der Führende möge am seelischen Zustand des Geführten Anteil nehmen, um das Lebensgefühl des Geführten mitzuprägen. Diese Verpflichtung leitet sich allein schon aus dem ganztägigen Miteinander von Führendem und Geführtem ab. Hier kann sich Führen als „Leiten von Seelen“ zu einer beeindruckenden Geste von Menschsein entfalten.

Auch um diese Sorge des Führenden wußte Benedikt. Im Kapitel 27 – „Die Art und Weise, wie der Abt für die Ausgeschlossenen Sorge tragen soll“ – schreibt er sehr einfühlsam über das Besorgtsein für bestimmte, seelisch widerspenstige Mitbrüder. „Ausgeschlossene“ sind solche Mönche, die sich schwere Verfehlungen zuschulden kommen ließen und deshalb von „Tisch und Oratorium ausgeschlossen werden“. Benedikt schreibt:

> „Der Abt muß auf jegliche Weise um die Brüder besorgt sein, die sich verfehlt haben; denn nicht die Gesunden brauchen den Arzt, sondern die Kranken. Deshalb muß er

> wie ein erfahrener Arzt alle Mittel anwenden … das heißt ältere und erfahrene Brüder, die unter vier Augen dem schwankenden Bruder freundlich zureden und versuchen, ihn zu demütiger Genugtuung zu bewegen; sie sollen ihm freundlich zureden, damit er nicht in übermäßiger Trauer versinkt. Wie der Apostel sagt, soll man ihm gegenüber vielmehr die Liebe walten lassen, und alle sollen für ihn beten. Der Abt muß sich große Mühe geben und mit Umsicht und Beharrlichkeit alles daransetzen, um keines der ihm anvertrauten Schafe zu verlieren. Er muß wissen, daß er die Sorge für ‚nicht genügend innerlich gefestigte Seelen'[91] übernommen hat."[92]

Das Interaktionsmuster des Führenden kennt die Sorge um den seelisch gebeugten Menschen. Strafe bei Fehlverhalten wird mit Zuwendung beantwortet. Und es fällt besonders auf, daß in allen Interaktionen, die die Regel beschreibt, das vertrauliche Gespräch unter vier Augen der öffentlichen Anklage vorgezogen wird.

- Der ethisch orientierte Interaktionsstil bewahrt auch in kritischen Situationen den Respekt vor der Würde des Geführten. Das bedeutet: Kritische Rückmeldungen werden nur unter vier Augen gegeben.

Die in den Medien der Gegenwart öffentlich vorgetragene Kritik an Verhaltensweisen von Führenden ist damit nach Benedikt unsittlich. Der hierarchisch Obere ist zwar befugt, auch vor der Mönchsgemeinschaft Tadel auszusprechen. Doch wird er dies nur tun, wenn der einzelne die Schwere seiner Verfehlungen nicht begreifen will. Als Prinzip aber gilt, sich in gegenseitiger Achtung zu übertreffen. Damit ist auch dem Führenden in der heutigen Welt ein bedeutender Hinweis gegeben, sich seines sittlichen Auftrages bewußt zu sein.

Der Interaktionsstil, den Benedikt festgelegt hat, weist aber dem heute Führenden noch in anderer Weise einen Weg. Es betrifft die im Kapitel 3 der Ordensregel bezeichnete „Berufung der Brüder zum Rat".

Wir lesen dort:

> „Sooft es sich im Kloster um eine wichtige Angelegenheit handelt, soll der Abt die ganze Klostergemeinde zusammenrufen und selbst die Angelegenheit vortragen. Er soll den Rat der Brüder anhören, dann die Sache bei sich überlegen und das tun, was er für richtig hält. Daß zur Beratung alle gerufen werden, bestimmen wir deshalb, weil der Herr oft einem Jüngeren offenbart, was das Bessere ist. Doch sollen die Brüder ihren Rat demütig und bescheiden geben und sich nicht herausnehmen, ihre Meinung hartnäckig zu verteidigen. Die Entscheidung liegt vielmehr beim Abt: Was er für nützlicher hält, das sollen alle gehorsam annehmen. Aber wie es sich für den Jünger schickt, dem Meister zu gehorchen, so ist es die Pflicht des Abtes, alles umsichtig und gerecht anzuordnen.
>
> Alle sollen daher in allem der Weisung der Regel folgen, und niemand darf leichtfertig von ihr abweichen. Niemand im Kloster soll dem Begehren des eigenen Herzens folgen, und niemand darf sich herausnehmen, mit seinem Abt frech oder außerhalb des Klosters zu streiten. Wenn jemand sich das herausnimmt, verfalle er der in der Regel festgesetzten Strafe. Der Abt jedoch handle immer in Gottesfurcht und nach der Vorschrift der Regel. Er soll wissen, daß er ohne jeden Zweifel vor Gott, dem gerechten Richter, über alle seine Entscheidungen Rechenschaft ablegen muß.
>
> Handelt es sich um weniger wichtige Angelegenheiten des Klosters, so ziehe er nur die Älteren zu Rate; es steht ja geschrieben: ‚Tu alles mit Rat, dann brauchst du nach der Tat nichts zu bereuen.‘“[93]

Die benediktinische Führungskultur sucht das Gemeinschaftliche. Die Hierarchie, die meist das Subordinative überbetont, weil sie darin ihr profanes Selbstverständnis kultiviert, enthält eben auch die

Chance zum Koordinativen. Hat nicht auch Jesus subordinatives Führungsverhalten zurückgestellt und dem koordinativen den Vorzug gegeben? So mancher Führende der Gegenwart ist sich seines Interaktionsstiles kaum bewußt. Vermutlich deshalb, weil ihm weder sein eigenes Menschenbild noch das seines Nächsten bewußt geworden ist. Wer seine zwischenmenschlichen Verbindungen vorwiegend formal sieht, gestaltet auch das Interagieren weitgehend unpersönlich. Dazu zählt eine auf Formeln reduzierte Kommunikation, die sich während des Tages mehr auf Floskeln als auf persönliche Ansprache besinnt; weiterhin beobachten wir an solchen Führenden einen funktionalen Umgangsstil, der sich auf das betriebliche Geschehen bezieht, persönliche Inhalte aber vermissen läßt; ebenso fällt an diesen Führenden ein dogmatischer Stil auf, der die eigene Meinung über die seiner Geführten setzt.

Ein koordinativer Interaktionsstil hebt die Hierarchie im Geführtsein auf und läßt sie lediglich formal bestehen. Führende koordinativen Interagierens öffnen für die Geführten einen Raum des Entfaltens, der dem Wert und der Würde des Geführten zu angemessener Bedeutung verhilft. Zu diesem Entfalten gehören folgende Komponenten:

- das Emotionale in der Persönlichkeit des Geführten zu fördern; elementare Ausdrucksformen wie Freude und Trauer, Hoffnung und Enttäuschung, das Ertragen von Nähe und Distanz zu erlauben
- das Soziale in der Persönlichkeit des Geführten zu fördern; eine ausgewogene Beziehung zu Anerkennung und Kritik zu erzeugen; aus einem Gegen- und Nebeneinander ein Miteinander zu gestalten; fremde Meinungen als wertgleich wie die eigene zu betrachten; den Mut zu fördern, die eigene Meinung angstfrei vorzutragen; auf kollegialer Basis Vertrauen zu entwickeln
- das Sittliche in der Persönlichkeit des Geführten zu fördern; immer wieder die Gewissensbildung im Geführten anzusprechen; das Wertesystem zu besprechen, von dem sich das Handeln leiten läßt; Werte und Normen am sozial Zumutbaren zu orientieren; neue Normen für die Persönlichkeitsentwicklung zuzulassen; dem Mitmenschlichen in Würde zu begegnen.

Schlußwort

Eine Anregung will dieses Buch sein, die Führungspraxis der Gegenwart in ihren geistigen Grundlagen zu beleben. Dabei sollen die Botschaften der Benediktregel als zuverlässige Begleiter eines beinahe zeitlos Gültigen jene Inhalte vermitteln, die die Gegenwart nur noch schemenhaft begreift. Benediktus heißt „der Gesegnete". Auf der Benediktregel ruht wohl bis heute der Segen des Erfahrenen, des im praktischen Leben Bewährten. Die Führungspersönlichkeit wird dauerhaft nicht umhin kommen, sich mit den dargestellten Inhalten näher vertraut zu machen, will sie selbst in ihrer geistigen und sittlichen Tiefe wachsen. Tugendhaft zu sein, das ist auch heute ein Persönlichkeitswert, der sich sinnbildend für die Gestaltung des eigenen Daseins auswirkt. Aus dieser Sinnfindung möge für den Leser ein Führen beginnen, in dem sich Demut und Handeln zu persönlicher Glaubwürdigkeit vereinigen.

Möge allen Führenden, die sich von diesen Botschaften erreichen lassen, in ihrem privaten und beruflichen Leben all jenes beschieden sein, von dem sie sich in ihrem Innen und Außen getragen fühlen.

Anmerkungen

Die einzelnen Stellen der Benediktregel habe ich nach folgender Ausgabe zitiert: „Die Benediktus-Regel", lateinisch-deutsch, herausgegeben von P. Basilius Steidle OSB, 2. überarbeitete Auflage, Beuroner Kunstverlag Beuron 1975. Ich verwende im folgenden die Abkürzung „RB" für „Regula Benedicti"; zuerst nenne ich das Kapitel und danach den Vers des Kapitels.

Die Bibelzitate sind entnommen aus: „Die Bibel – Die heilige Schrift des Alten und Neuen Bundes"; vollständige deutsche Ausgabe, Herder Verlag, Freiburg im Breisgau 1965.

1 Siehe dazu S. 7/8 der von Basilius Steidle kommentierten Benediktregel
2 van de Weyer, Robert (Hrsg.): „Begegnung mit Aurelius Augustinus", Brunnen Verlag, Gießen 1991, S. 42
3 Zitiert nach: Staehelin, Balthasar: „Der finale Mensch", Theologischer Verlag, Zürich 1976, S. 186
4 Jung, Carl Gustav: „Über die Psychologie des Unbewußten", Rascher Verlag, Zürich/Stuttgart, 1964, S. 107
5 Besonders zu nennen sind folgende Werke von Balthasar Staehelin: „Urvertrauen und zweite Wirklichkeit", Theologischer Verlag, Zürich 1973; „Haben und Sein", Theologischer Verlag, Zürich 1969; „Die Psychosomatische Basistherapie", Moser Verlag, Schlattingen 1985; „Von der helfenden Naturwissenschaft zur heilenden Christuswissenschaft", Moser Verlag, Lausanne 1987
6 Staehelin, Balthasar: „Der psychosomatische Christus", Novalis Verlag, Schaffhausen 1980, S. 88
7 Ebenda, S. 88
8 RB 19, 3–7
9 Staehelin, Balthasar: „Die Psychosomatische Basistherapie", Moser Verlag, Schlattingen 1985, S. 75/76
10 ders. in „Haben und Sein", Theologischer Verlag, Zürich 1969, S. 55/56
11 Steidle – RB S. 29
12 Krishnamurti, Jiddu: „Der unhörbare Ton", Kösel-Verlag, München 1993, S. 26
13 RB 21, 1–7
14 RB 31, 1–2, 6–7, 10–13
15 RB 64, 1–2, 8, 12, 15
16 RB Prolog 1
17 RB Prolog 9–12
18 RB Prolog 1, 3

19 Picard, Max: „Die unerschütterliche Ehe“, Eugen Rentsch Verlag, Erlenbach/Zürich 1942, S.131
20 Exodus 20,17
21 1. Petrusbrief 2,17
22 Buch Tobit 2, 3–4
23 Vergleiche dazu Epheserbrief 4. Kapitel
24 Frankfurter Allgemeine Zeitung, 26. Juli 1993, S. 21
25 RB Prolog 21
26 Hebräerbrief 11, 1
27 Jakobusbrief 2, 14–20
28 Matthäus 12, 33–35
29 RB 2, 31–40
30 RB 2, 2
31 Jonas, Hans: „Das Prinzip Verantwortung“, Insel Verlag, Frankfurt am Main 1979, S. 234/235
32 RB 2, 7, 39
33 RB 2, 11–15
34 Siehe dazu: Kirchner, Baldur: „Dialektik und Ethik“, Gabler Verlag, Wiesbaden 1991, S. 57/58
35 Matthäus 7, 1, 3
36 RB 2, 23, 31
37 Krishnamurti, Jiddu: „Das Tor zu Neuem Leben“, Sieschu-Verlag, Zeppelinheim 1981, S.117
38 Zitiert nach: Schmidt, Heinrich: „Philosophisches Wörterbuch“, Jena 1922
39 Lukas 10, 29–37
40 RB 72, 1–8
41 RB 70, 1–3, 6–7
42 RB 53, 1–4, 15
43 RB 38, 1, 5
44 RB 5, 1-8, 10–12, 13–15, 16–18
45 Matthäus 16, 24–26
46 Lukas 14, 26–27
47 RB 6, 1–8
48 Siehe dazu: Nouwen, Henri J.M.: „Ich hörte auf die Stille“, Verlag Herder, Freiburg im Breisgau 1978
49 Zitiert nach Picard, Max: „Die Welt des Schweigens“, Eugen Rentsch Verlag AG, Erlenbach/Zürich 1948, S. 46
50 RB 7, 1–4
51 RB 7, 5–9
52 RB 7, 10–13

53 RB 7, 14–18
54 RB 7, 19–22
55 RB 7, 23–25
56 RB 7, 26–30
57 RB 7, 31–33
58 RB 7, 34
59 RB 7, 35–43
60 RB 7, 44–48
61 RB 7, 49–50
62 RB 7, 51–54
63 RB 7, 55
64 RB 7, 56–58
65 RB 7, 59
66 RB 7, 60–61
67 RB 7, 62-66
68 RB 7, 67–70
69 Lay, Rupert: „Über die Kultur des Unternehmens", Econ-Verlag, Düsseldorf 1992, S. 21
70 RB 8, 1–4
71 Picard, Max: „Die Flucht vor Gott", Eugen Rentsch Verlag, Erlenbach-Zürich, 4. Aufl. 1980, S. 110/111
72 RB 32, 1–5
73 Genesis 1, 28
74 Zitiert nach „Günzburger Wochenanzeiger" v. 19.8.1993
75 von Nell-Breuning, Oswald: „Arbeitet der Mensch zuviel?", Verlag Herder, Freiburg im Breisgau 1985, S. 37
76 Matthäus 7, 12
77 RB 48, 1–5, 17–18
78 Eine ausführlichere Darstellung der Psychosomatischen Basistherapie finden Sie in dem bereits zitierten gleichnamigen Buch von Balthasar Staehelin
79 RB 4, 11–13
80 RB 49, 1–10
81 Matthäus 6, 16–18
82 Krishnamurti, Jiddu: „Ideal und Wirklichkeit", Humata Verlag Harold S. Blume, Bern o.J., S. 253
83 RB 2, 1, 7, 12, 16, 20, 22
84 RB 64, 1, 7–8, 9–10, 16-17, 19–20
85 RB 65, 1–11
86 RB 39, 7–9
87 RB 40, 3–4, 6–7

88 RB 63, 1, 4-7, 10, 13, 17
89 Krishnamurti „Ideal … “, S. 90/91
90 Matthäus 20, 25–28
91 So habe ich den lateinischen Text „Noverit enim se infirmarum curam suscepisse animarum“ übersetzt; mir erschien die Übersetzung mit „krank“ nicht im Sinne der Intention Benedikts.
92 RB 27, 1–6
93 RB 3, 1–13

Die etymologischen Worterklärungen habe ich größtenteils aus der Reihe DUDEN – „Das Herkunftswörterbuch“, Band 7, Dudenverlag, Mannheim/Wien/Zürich, 2., völlig neu bearb. u. erw. Aufl. 1989, entnommen.

Stichwortverzeichnis

Der Autor

Dr. Baldur Kirchner, Jahrgang 1939, ist seit 1972 freier Dozent für Persönlichkeitsbildung. Er hält Seminare und Kolloquien für Führende zu Rhetorik, Dialektik, Ethik und Kontemplation. Nach dem Studium der Philosophie, Katholischen Theologie, Klassischen Philologie und seiner Promotion zum Dr. phil. an der Universität Tübingen beschäftigte er sich intensiv mit Tiefenpsychologie und Persönlichkeitsanalyse.

Seine Bücher „Dialektik und Ethik" (2. Auflage 1992), „Rhetorik für Führende" (1993), „Fühlen und Führen" (1996) und „Rhetorik und Glaubwürdigkeit" (1999, zusammen mit Alexander Kirchner) sind ebenfalls bei Gabler erschienen.

Wenn Sie direkt mit ihm Kontakt aufnehmen wollen, können Sie sich wenden an:

Dr. Baldur Kirchner
Seminarhaus Ettenbeuren
Tannenweg 4
89358 Kammeltal-Ettenbeuren
Telefon: (0 82 23) 20 30
Fax: (0 82 23) 20 58
E-Mail: info@kirchner-seminare.de
www.kirchner-seminare.de